让孩子在玩中有心，并不是要求孩子处处从玩中寻求某种乐趣。玩就是玩，玩中的乐趣，洋溢着只有孩子独具的天真，本身就是浑然天成的作文。

——肖复兴

孩子，作文其实很简单

中国著名作家

肖复兴 梁晓声——等 著

朝華出版社
BLOSSOM PRESS

图书在版编目（CIP）数据

孩子，作文其实很简单 / 肖复兴等著. -- 北京：
朝华出版社，2023.2（2023.7重印）
ISBN 978-7-5054-5110-0

Ⅰ. ①孩… Ⅱ. ①肖… Ⅲ. ①作文课－教学研究－中
小学 Ⅳ. ①G633.342

中国国家版本馆CIP数据核字(2023)第000681号

本书部分作品著作权由中国文字著作权协会授权
电话：010-65978917，传真：010-65978926，
E-mail：wenzhuxie@126.com

孩子，作文其实很简单

作　　者	肖复兴　等	
选题策划	时一男　王静怡	
责任编辑	林　鸿	
特约编辑	王　丹　王　静	
责任印制	陆竞赢　崔　航	
装帧设计	人马艺术设计·储平	

出版发行　朝华出版社

社　　址	北京市西城区百万庄大街24号	邮政编码	100037
订购电话	（010）68996522		
传　　真	（010）88415258（发行部）		
联系版权	zhbq@cicg.org.cn		
网　　址	http://zhcb.cipg.org.cn		
印　　刷	万卷书坊印刷（天津）有限公司		
经　　销	全国新华书店		
开　　本	880mm×1230mm　1/32	字　　数	135千字
印　　张	6.75		
版　　次	2023年2月第1版　2023年7月第2次印刷		
装　　别	平		
书　　号	ISBN 978-7-5054-5110-0		
定　　价	49.00 元		

目录

Part 1　作文为思考者的起点

Part 2　如何积累更好的素材

Part 3　明确态度是写好作文的基础

Part 1
-

作文为思考者的起点

没有什么比沉浸在创作的欢乐与激情中挥笔疾书
更美、更令人心醉的事了。

作文和小学生初中生的关系的重要性，不仅仅在于作文能不能得高分，这也许决定你们将来考进怎样的高中以及大学，更在于作文对你们感性脑区的激活与开发，会影响你们能不能成为"完整意义上的全脑人"。

让作文像呼吸一样自然

梁晓声

你认识到作文对你有多重要了吗？

写作文、写好作文是小学生与生俱来的能力。后天的训练可以使这种能力得到提升。写好作文的关键在于对感性思维脑区功能的激发，所以小学生要借助作文活跃自己的感性脑区，别让自己成了感性脑区僵化的"半脑人"。

这个问题，是很有必要讨论清楚的。因为，人只有意识到某事对自己极为重要，才会以极重视的态度对待那件事。

我想象得到，有的同学立刻会这样说："我当然能意识到作文对我有多重要啦！如果我的作文写不好，小学毕业时就会拉低语文考试的分数。如果我升入了中学，作文还写不好，就必然会影响我升入重点高中。如果我升入不了重点高中，考入重点大学的希望就会大打折扣。而考不进重点大学，我的人生就……别以为我才小学三年级就不知道作文对我的重要性！

爸爸妈妈因为我每次作文的分数都很低，经常对我唠叨以上那些话。老师似乎也认为我是天生写不好作文的学生，经常对我摇头叹气。

"每当老师将别的同学的作文当成范文在课堂上读，我心里可羡慕了！但我就是怎么也写不好作文，我拿自己也没办法呀！我肯定就是一名天生写不好作文的小学生，我认命了！幸好我的数学成绩还不错，我干脆放弃写好作文的希望得了！我努力争取在毕业时将数学的分数考得更高些，将因为作文没写好而失去的分数拉平，不也是明智的吗？干吗非用自己确实做不好的事难为自己呢？那不是太和自己过不去了吗？我才不和自己较劲儿呢！连续几次作文写得都不好，不光我已经对自己丧失信心了，爸爸妈妈也开始认同我的想法了……"

我似乎听到有的同学说："在我这儿情况恰恰相反。'写不好作文'的想法并不是先在我头脑里产生的，而是在爸爸妈妈头脑里产生的。他们在头脑里产生这种想法之后，灌输给我，我最终也认为那是很明智的想法，于是全盘接受了……"

我似乎听到有的同学说："不但我和爸爸妈妈的想法完全一致，连老师也是这么想的。老师已经不再费心思地指导我这样的学生怎样写好一篇作文了，只教给我一些怎样写一篇争取能及格的作文的'窍门'了。而且，老师和爸爸妈妈经常这样给我打气：多少多少名学生，谁家谁家的孩子，虽然从小学到初中到高中，作文一直没写好过，但因为在其他课程方面格外努力，照样考上了重点大学，后来照样'出息'了……"

亲爱的同学们，本"老学长"要说的是：老师和爸爸妈妈们的那些说法，确实都是挺"现实"的说法，也是都有一定道理的，但是他们的这些认识从根本上讲都是错误的。我反对他们的说法，也希望你们不要认同他们的说法。

为什么我认为他们的说法从根本上讲是错误的呢？且听我来告诉你们：

一、你们已经是三年级以上的小学生了，这足以证明你们的智力是正常的。

二、对于智力正常的学生，世界上根本没有"天生写不好作文"这一回事。恰恰相反，写好作文根本算不上多么高级的能力，反倒是每一名智力正常的小学生天生所具备的能力。只不过这种能力在有的小学生身上体现得早一点儿，在另外一些小学生身上体现得迟一点儿，后者暂时达不到自己的潜能所应达到的水平而已。

三、对于小学生，写好作文这种能力，确实与大脑的先天基因有关，但这种关系肯定不是决定性的。我们首先应该承认人们的基因存在差异，比如有人天生擅长逻辑思维，有人天生擅长形象思维，有人天生具有超强的记忆能力。但说到小学生作文这件事，小学生与小学生之间天生的差别，并不比小狼犬和小猎犬之间天生的差别大多少。我们都知道，小狼犬和小猎犬之间的差别是很小的。只要对它们进行训练的方法是正确的，它们都可以成为优秀的警犬、军犬。只要对小学生写作文所进行的引导方法是正确的，考虑是全面的，几乎每一名小学生都可以写出优秀的作文来。

四、我认为，小学生能不能、善不善于写好作文，先天因素最多只占十之二三，十之七八的因素是由后天训练所决定的。训练会大大提升写作文的能力，即引导方法正确与否、对待此事认真程度如何以及写作过程中积累经验的多寡。那些经验如果自己一时没有悟到，老师或家长应该及时予以指导，帮助进行总结。后天因素才是决定小学生能不能、善不善于写好作文主要的因素。

五、作文和小学生初中生的关系的重要性，不仅仅在于作文能不能得高分，这也许决定你们将来考进怎样的高中以及大学，更在于作文对你们感性脑区的激活与开发，会影响你们能不能成为"完整意义上的全脑人"。我要强调而且严肃地告诉你们，作文的重要性远不止影响你们升学这么简单。

（本文选入时有删减）

而文学，从某种程度上而言，就是书写记忆和梦想。我很
幸运，可以用笔记录下这一份与时间共生共存的记忆，还
有一点儿未及之梦。

文学就是书写记忆和梦想

肖复兴

我确实不大在意"散文"与"随笔"的区分，我觉得随笔是散文的一种变奏。散文应该更注重自己，多为叙事裁心；而随笔则是把中心移至他者，可以多为说理言辞。然而，无论哪一种书写，都要有我，无我的散文或随笔都是我不会去写的。

我一直以为，与其他文体相比，没有比散文更能让人一眼洞穿作者，也更能让作者审视自己而一箭穿心的。同时，也更能让读者和作者在此相会交流，即使一时难以做到倾心，却可以做到暂时的清心。这便是散文这种文体与众不同并让人最可亲近之处。曾读过明人徐渭一联旧诗："肝胆易倾除酒畔，弟兄难会最天涯。"这种感觉即使一时难以抵达，却是我一直以为散文应该拥有的一种境界。

散文写作，还有另外一种境界。孙犁先生曾经由衷地喜欢贾平凹早期的散文作品。38 年前，1982 年，在《尺泽集》里，他在评点贾平凹的《静虚村记》和《入川小记》时，特别说了"细而不腻"和"低音淡色"这样两点特色，他说："这自然是一种高超的艺术境界。"特别是针对散文写作者而言，"细而不腻"和"低音淡色"是散文写作抵达这种高超艺术境界的两翼——细，强调的是散文生命的调性和本色；低、淡和腻，说的是正反两面，强调的是散文的朴素和节制的性格。

如今，强调散文写作的细，还为人所道并重视，因为上个世纪二三十年代，郁达夫在论述散文创作时就曾经说过："原来小品文文字所以可爱的地方，就在于它的清、细、真三点。"细是被强调的三点之一，百年以来延续至今。但是，低、淡和不腻，被强调得不多了。相反，高音喇叭、浓妆艳抹、肥腻流油的散文写作，日渐其多。毫无节制的童年、乡愁、亲情或走马观花旅游景点自拍式、广告词式的书写，炫技派的高蹈悬空琐碎浮华的铺排，塞进历史文化的陈芝麻烂谷子，以显示气骨不凡、高妙的所谓大文化散文，都与当年孙犁先生所强调的"细而不腻"和"低音淡色"渐行渐远。

我是不大赞同以掉书袋的方式过多引入其他方面的元素，来增加散文这种古老文体的品位和智识含量的。散文的写作，应该是恬淡自如，很随意亲切的。如果有一些智识，也应该是自然的，和文体水乳交融，和你所书写的对象相吻合，不是人为有意的添加剂，或涂抹上去的粉底霜，以此招摇人的耳目。当然，就像当年李可染先生对自己绘画的要求所说的：要用最大的气力跳进来，再用最大的气力跳出去。需要自己从已经熟悉的文学天地跳进一个并不熟悉的领域，给自己一点儿新鲜感，才有可能给读者一点儿新鲜感，从而让写作的天地由窄变宽由旧变新，彼此受益。但是，这不应该是刻意的，而是真正出自你的爱好，是如水而流淌回环，不是像学者做学问一样必须要引注典籍以增加所谓厚重的说服力。

尽管跑得不快、跳得不高，但不妨碍我从小喜欢体育，我最喜欢看田径和篮球。那时我国的跳高运动员郑凤荣和短跑健将陈家全，是我崇拜的偶像。

女篮我最喜欢看当时煤矿队的刘绍兰和四川队的李墨兰，我称之为"女篮二兰"；杨伯镛、钱澄海、蔡集杰，则被我称为"男篮三剑客"，痴迷他们场上的溜底线、后场运球和砸眼儿跳投；苏联迪那摩队来京，因队里有当时世界上个子最高的选手克鲁明，虽然兜里"兵力"不足，只买到最后一排的票，全场站着，踮着脚，也看得兴致勃勃。所以，调到《新体育》杂志社，很有些兴奋。

那是1985年年底，我38岁，还算年富力强。我在那里当了10年体育记者，采访了奥运会、亚运会、世界友好运动会和一些单项国际大赛，采访到布勃卡、刘易斯、奥蒂、瓦尔德内尔等好多世界级运动员。

之所以调到《新体育》杂志社，大概和我当时写了《国际大师和他的妻子》等一些文章，出版了关于体育的《天下第一剑》和《运动员之恋》的书有关吧。我最初的写作，除了北大荒插队的生活之外，写了一批这样的体育报告文学和小说，那时候，我还出版过一本根据《国际大师和他的妻子》素材写出的中篇小说《棋手和他的妻子》。在我当时写的东西里，体育题材应该占有相当大比例，或者有一半吧。

我国是一个体育大国，如果"体育文学"这个概念真能成立的话，我国的体育文学别看一度挺热闹，但并不发达。我们所看到的，或者所热衷的，曾经风靡一时的，是那种问题式的和金牌式的这样两大类。在当时的时代背景下，它们确实曾经发挥过独特的作用，但我从一开始心里就很明确，我是不会写这样的东西的。那时候，我读过茨威格的《象棋的故事》，看过南斯拉夫拍的一部电影《杰尔菲娜站起来》，这些对我影响很大。真正的体育文学所展现的天地，不应该仅仅局限于赛场所呈现的激烈比赛，不应该仅仅表现夺冠而获得的夺目金牌，更应该在于人的心灵世界与人性幽微的深处。

我调到《新体育》，奉命第一次采访的是莫斯科友好运动会，写成了第一篇文章，是布勃卡的采访记。当时，他以 6.01 米的高度，打破了一年前在巴黎田径大赛上他自己创造的 6 米的男子撑竿跳世界纪录，成为世界上第一个跳过 6 米大关的"飞人"。我没有写他这些辉煌的战绩，也没有写他是如何艰苦训练才取得这样的成绩的，我只写了跳过 6.01 米这一天正是他儿子一岁的生日，写了他与儿子、妻子以及家庭的关系，用了这样一个题目"带给儿子的生日礼物"。我没有写"送给"，只说是"带给"，我希望平易一些，把那些辉煌的明星拉下鲜花簇拥、镁光灯闪烁的领奖台，和我们普通人站在一起。

中学时代，俄罗斯文学占了我阅读的绝大部分，托尔斯泰的《复活》《安娜·卡列尼娜》，陀思妥耶夫斯基的《白夜》，柯罗连科的《盲音乐家》，赫尔岑的《喜鹊贼》，车尔尼雪夫斯基的《怎么办》……不管看得懂看不懂，都曾经如饥似渴又囫囵吞枣地读过，并自以为是地感动过。其中，最喜欢契诃夫和屠格涅夫。契诃夫的《新娘》《带阁楼的房子》影响到我整个青春期对文学乃至对周围世界的审美意识和价值判断。屠格涅夫的6部长篇那时都看过，印象最深的是《罗亭》，我抄录了书中大段大段的文字。那时，顾影自怜，觉得罗亭这样的多余人就是自己。但是，罗亭对深爱着的娜塔丽娅说过的一句"凡是有美和生命的地方都有诗"，让我真的相信并支撑我度过那段迷茫而痛苦的青春期。

插队后期，法国文学一度占据我阅读的上风，其中雨果和罗曼·罗兰对我影响最深。雨果的《九三年》让我震撼。《九三年》充满思辨的色彩，尤其是书的后面，朗德纳克为救孩子的性命而选择牺牲自己，郭文为救朗德纳克而选择牺牲自己，西穆尔登为处死郭文而选择自杀；郭文是为了良心，西穆尔登是为了法律，朗德纳克是为了孩子，他们当中谁能够说得上是正角或反派呢?《九三年》颠覆了当时流行的样板戏里那种高大全的英雄人物和反面人物的界限，也颠覆了当时甚嚣尘上的革命的高头讲章，为我们进行了一次革命和人道主义的启蒙。

罗曼·罗兰的《约翰·克利斯朵夫》是我从北大荒插队回到北京待业在家时读的。书写得太好了，傅雷翻译得也太好了，我恨不得把整本书都抄下来。书看了两遍，阅读笔记里好几处竟然抄了两遍。克利斯朵夫从小生活在那样恶劣的家庭，父亲酗酒，生活贫穷……一个个的苦难，没有把他压垮，相反把他锤炼成人，让他的心敏感而湿润，让他的感情丰富而美好，让他的性格坚强而不屈不挠。以从前我所热爱和崇拜的保尔·柯察金和牛虻为革命献身吃苦而毫不诉苦的形象来比较，克利斯朵夫更让我感到亲近，而他个人奋斗所面临的一切艰辛困苦，和我自己身边发生的情形格外相似。同保尔·柯察金和牛虻相比，他不是他们那种振臂一呼应者如云的人，不是那种高举红旗挥舞战刀的人。他的奋斗更具个人色彩，多了许多我以前所批判过的儿女情长，多了许多叹息乃至眼泪，但他让我感到他似乎就生活在我的身边，我能真切地感受到他有些冰冷的手温、浓重的鼻息和怦怦的心跳。

在《约翰·克利斯朵夫》里，罗曼·罗兰说了这样一句话："每一个时代都要设置一个理想，好让年轻人疯狂。"说得真的是好，起码对于我，像是对症下药，让我沉静下来，反省自己，反思时代，面对现实。我最初的写作，就是从这时候开始的。

帕乌斯托夫斯基和布罗茨基是我的最爱，他们的书就放在我的床头，经常会翻开来读，每一次，都会给我带来不一样的感受和灵感。除此之外，加拿大的门罗、以色列的奥兹、美国的菲利普·罗斯、波兰的托卡尔丘克、日本的三岛由纪夫等几位，也都是我非常喜欢的作家。日本的是枝裕和，虽然是导演，但他写的小说，我也非常爱看，觉得比他的电影更舒展更亲切更娓娓道来。这些伟大的作家的作品都曾滋养过我。

7年前和5年前我分别出版过《美国拾零》和《印第安纳速写》两本美国印象记，去年9月北京出版社又刚刚出版了一本《女人和蛇：美国折叠》。自2006年到2018年去美国所写的文字，都在这三本书里了。

2018年5月，我从芝加哥乘飞机回国，专门提前一天到的芝加哥，为的就是到那里的校园转转。2006年春天，我第一次来美国时，就住在旁边的51街，常到这里来。从学生活动中心和图书馆前走过，我又去了一趟美术馆。这是我每次来这里的节目单上必不可少的保留节目。芝加哥大学的美术馆可谓袖珍，但藏品丰富、展览别致。这次来，赶上一个叫作"记忆"的特展——几位来自芝加哥的画家，在展出自己的油画和雕塑作品之外，别出心裁地在展室中心摆上一张桌子和一把椅子，桌上放着一个本子，让参观者在上面写上或画上属于自己的一份记忆。然后，将这个本子收藏并印成书，成为今天展览"记忆"的记忆。这是一个有创意的构想，让展览不仅属于画家，也属于参观者。我在本子上画了刚才路过图书馆时看到的甬道上那个花坛和花坛上的座钟。它的旁边是春天一排树萌发新绿的枝条。我画了一个人在它旁边走过。那个人，既是曾经在这里求学的儿子，也是我。然后，我在画上写上"芝加哥大学的记忆"。那既是儿子的记忆，也是我的记忆。

雪泥鸿爪，这三本书记录了我自 2006 年到 2018 年这十余年的记忆，它是属于在异国他乡的情感记忆，是孩子成长的生命记忆——因为肖铁已经度过漫长的求学期成家立业了，我的两个小孙子也都已经上了小学。记忆和梦想，是人类区别于动物的主要标志。而文学，从某种程度上而言，就是书写记忆和梦想。我很幸运，可以用笔记录下这一份与时间共生共存的记忆，还有一点儿未及之梦。

想象和虚构的来源，还是生活。一是生活的积累，二是长
时期的对生活的思考。一个作家发现生活里的某种现象，
有所触动，感到其中的某种意义，便会储存在记忆里，可
以作为想象的种子。

文学，应该使人获得生活的信心

汪曾祺

　　作家需要评论家。作家需要认识自己。"文章千古事，得失寸心知。"但是一个作家对自己为什么写，写了什么，怎么写的，往往不是那么自觉的。经过评论家的点破，才会更清楚。作家认识自己，有几宗好处。一是可以增加自信，我还是写了一点儿东西的。二是可以比较清醒，知道自己吃几碗干饭，可以心平气和，安分守己，不去和人抢行情，争座位。更重要的，认识自己是为了超越自己，开拓自己，突破自己。我应该还能搞出一点儿新东西，不能就是这样，磨道里的驴，老围着一个圈子转。认识自己，是为了寻找还没有认识的自己。

　　我写的小说的人和事大都是有一点儿影子的。有的小说，熟人看了，知道这写的是谁。当然不会一点儿不走样，总得有些想象和虚构。没有想象和虚构，不成其为文学。

　　想象和虚构的来源，还是生活。一是生活的积累，二是长

17

时期的对生活的思考。一个作家发现生活里的某种现象，有所触动，感到其中的某种意义，便会储存在记忆里，可以作为想象的种子。其次，更重要的是对生活的思索，长期的，断断续续的思索。井淘三遍吃好水。生活的意义不是一次淘得清的。我有些作品在记忆里存放三四十年。好几篇作品都是一再重写过的。《求雨》的孩子是我在昆明街头亲见的，当时就很感动。他们敲着小锣小鼓所唱的求雨歌，不是任何一个作家所能编造得出来的。《职业》原来只写了一个卖椒盐饼子西洋糕的，这个孩子我是非常熟悉的。我改写了几次，始终不满意。到第四次，我才想起先写了文林街上六七种叫卖声音，把"椒盐饼子西洋糕"放在这样背景前面，这样就更苍凉地使人感到人世多苦辛，而对这个孩子过早的失去自由，被职业所固定，感到更大的不平。思索，不是抽象的思索，而是带着对生活的全部感悟，对生活的一角隅、一片段反复审视，从而发现更深邃、更广阔的意义。思索，始终离不开生活。

我是一个极其平常的人。我没有什么深奥独特的思想。年轻时读书很杂。大学时读过尼采、叔本华。我比较喜欢叔本华。后来读过一点儿萨特，赶时髦而已。我读过一点儿子部书，有一阵对庄子很迷。但是我感兴趣的是其文章，不是他的思想。我大概受儒家思想影响比较大。一个中国人或多或少，总会接受一点儿儒家的影响。我觉得孔子是个很有人情的人，从《论语》里可以看到一个很有性格的活生生的人。孔子编选了一部《诗经》(删诗)，为后代留下这样多的优美的抒情诗，是非常值得感谢的。"国风"到现在依然存在很大的影响，包括它的真纯的感情和回环往复、一唱三叹的形式。《诗经》对许多中国人的性格，产生很广泛的、潜在的作用。"温柔敦厚，诗之教也。"我就是在这样的诗教里长大的。我很奇怪，为什么论孔子的学者从来不把孔子和《诗经》联系起来。

我对笔下的人物是充满同情的。我的小说有一些是写市民层的，我从小生活在一条街道上，接触的便是这些小人物。但是我并不鄙薄他们，我从他们身上发现一些美好的、善良的品行。于是我写了淡泊一生的钓鱼的医生，"涸辙之鲋，相濡以沫"的岁寒三友。我写的人物，有一些是可笑的，但是连这些可笑处也是值得同情的，我对他们的嘲笑不能过于尖刻。我的小说大都带有一点儿抒情色彩，因此，我曾自称是一个通俗抒情诗人。我的小说有一些优美的东西，可以使人得到安慰，得到温暖。但是我的小说没有什么深刻的东西。

我年轻时受过西方现代主义的影响，也可以说是摹仿。后来不再摹仿了，因为摹仿不了。文化可以互相影响，互相渗透，但是一种文化就是一种文化，没有办法使一种文化和另一种文化完全一样。中国文学要全盘西化，搞出"真"现代派，是不可能的。因为你是中国人，你生活在中国文化的传统里，而这种传统是那样的悠久，那样的无往而不在。你要摆脱它，是办不到的。而且，为什么要摆脱呢?

最最无法摆脱的是语言。一个民族文化的最基本的东西是语言。汉字和汉语不是一回事。中国的识字的人，与其说是用汉语思维，不如说用汉字思维。汉字是象形字。形声字的形还是起很大作用。从木的和从水的字会产生不同的图像。汉字又有平上去入，这是西方文字所没有的。中国作家便是用这种古怪的文字写作的，中国作家对于文字的感觉和西方作家很不相同。中国文字有一些十分独特的东西，比如对仗、声调。对仗，是随时会遇到的。有人说某人用这个字，不用另一个意义相同的字，是"为声俊耳"。声"俊"不"俊"，外国人很难体会，但是作为一个中国作家是不能不注意的。

我是沈从文先生的学生，有人问我究竟从沈先生那里继承了什么。很难说是继承，只能说我愿意向沈先生学习什么。沈先生逝世后，在他的告别读者和亲友的仪式上，有一位新华社记者问我对沈先生的看法。在那种场合下，不遑深思，我只说了两点。一、沈先生是一个真诚的爱国主义者；二、他是我见到的真正淡泊的作家，这种淡泊不仅是一种"人"的品德，而且是一种"人"的境界。沈先生是爱中国的，爱得很深。我也是爱我们这个国的。中国尽管有这样那样的问题、这样那样的缺点，但它是我的国家。正如沈先生所说，在任何情况下，都不应丧失信心。我没有荒谬感、失落感、孤独感。我并不反对荒谬感、失落感、孤独感，但是我觉得我们这样的社会，不具备产生这样多的感的条件。如果为了赢得读者，故意去表现本来没有，或者有也不多的荒谬感、失落感和孤独感，我以为不仅是不负责任，而且是不道德的。文学，应该使人获得生活的信心。淡泊，是人品，也是文品。一个甘于淡泊的作家，才能不去抢行情，争座位；才能真诚地写出自己所感受到的那点儿生活，不耍花招，不欺骗读者。

一九八八年八月十六日

（本文选入时标题有改动，内容有删减）

视作文为思考者的起点。譬如你现在写作文，努力想说一些别人没有说过的话，你才感到痛快，感到满意，这就表明你已经开始进入思考层面了……

写作是许多人必备的素质

余秋雨

其实在这个识字已经比较普及的时代，写作首先是练习一种与社会、与人沟通的方式，如果学会了很好的写作技能的话，实际上就学会了一种很好的与人沟通的方式，学会了一种和世界对话的方式——这是健康人生的重要开端。

无论从事何种职业，这份本领都是健康人生的重要开端，是对自己内在灵魂的挖掘方式、表述方式。一个不被挖掘、不被表述的灵魂是深刻不了、开阔不了的。不被表述的灵魂无法不断地获得重组。不断地表述实际上就是在不断地组建自己的灵魂。当你被一种很好的表述方式打动时，其实是语言背后的那个灵魂让你感到有魅力，而不是它的主语谓语有魅力。要学会表述灵魂、挖掘灵魂，然后更好地与世界沟通、对话。

更深刻的人还会进入另一层次，视作文为思考者的起点。譬如你现在写作文，努力想说一些别人没有说过的话，你才感到痛快，感到满意，这就表明你已经开始进入思考层面了，你要创造这个世界上未曾有过的思想火花，你要点燃它。久而久之，当你有更多的知识之后，你就会成为一个很好的思考者。为了思考，你就需要有更多的素材作为你思考的原料。于是，你就成为一个观察者。一个思考者必然是观察者。

作文是超越具体专业选择的现代人必备的素质。

（本文选入时标题有改动，内容有删减）

可能一辈子也当不了作家，当不了好作家。但这没有什么
关系。作为职业的文学可以失败，但语言是我已经找到了
的皈依，是我将一次次奔赴的精神地平线。

若不是作为职业，我们为什么也还要写作？

韩少功

写作显然不是一种最好的消遣。我们不能否认钓鱼、跳舞、下棋、旅游、保龄球也可以娱人，而且比写作更有益于身体健康。事实上，除了极少数的天才，写作者的日子常常有些孤独，甚至把自己逼得焦灼不宁心力交瘁，苦恼的时间多于喜悦的时间。

如果把写作视为一种职业，那也没有非持守不可的理由。各行各业都可以通向成功，尤其在时下的商品消费社会里，比写作具有更高回报率的从业空间正在展开，有更多的机遇和捷径正在广阔市场里不时闪耀着诱人的光辉。一个人可以做很多事情。一个世界也需要人们做文学以外的很多事情。以我平庸的资质，也曾当过数学高才生，当过生产队长，当过杂志主编，这些都足以支撑我改变职业的自信。

那么为什么还要写作？

有很多作家以及很多大作家回答过这个问题。他们说写作是为了开心，是为了谋生，是为了出人头地，或者是因为不能干别的什么事情，如此等等。这些说法如果不是搪塞也不是戏言，如果事实果真是他们说的这样，那么这些作家在我的心目中只能被一刻也不耽误地除名。从根本上说，文学不是什么实用术，不是一件可以随时更换的大衣。把文学当成一件大衣暂时穿一穿的人，大衣下面必定没有文学，也不会有多少人气。

台湾有一位作家说，可以把人们分成男人和女人，富人与穷人，东方人和西方人，但还有一种很重要的分法，就是把人分成诗人与非诗人。这是我十分赞同的说法。

前不久，我在旅途中与一位知青时代的老朋友邂逅，在一个招待所里对床夜谈。这位朋友家境清贫，事业无成，虽然爱好小说却差不多没有写过什么作品。但他关注文学的视野之广，很让我吃惊。更重要的是，他的阅读篇篇入心，文学兴趣与人生信念融为一体，与其说是读作品，不如说总是在对自己的生命做执着的意义追究和审美追索。

一切优秀的作品，我是指那些让人读了以后觉得自己不再是从前的我的作品，只能属于这样的读者。因为生计的困扰，他可能一辈子也写不了书，但比起他来，我的某些作家同行只是一些操作感很强的卖客，文场上屡屡得手却骨血里从来没有文学，就像在情场上屡屡得手却从来没有爱情——他们眼中的情侣永远只有大衣的味道。

在这位木讷的朋友面前，我再一次确认，选择文学实际上就是选择一种精神方向，选择一种生存的方式和态度——这与一个人能否成为作家，能否成为名作家实在没有什么关系。当这个世界已经成为一个语言的世界，当人们的思想和情感主要靠语言来养育和呈现，语言的写作和解读就已经超越了一切职业。只有苏醒的灵魂，才不会失去对语言的渴求和敏感，才总是力图去语言的大海里洁净自己的某一个雨夜或某一片星空。

我不想说，我往后不会干文学之外的事情。我也怀疑自己是否具有从事文学所需要的足够才情和功力。我与那位知青时代的朋友一样，可能一辈子也当不了作家，当不了好作家。但这没有什么关系。作为职业的文学可以失败，但语言是我已经找到了的皈依，是我将一次次奔赴的精神地平线。因为只有美丽的语言可以做到这一点：一旦找到它，一切便正在重新开始。

一九九四年六月

（本文选入时标题有改动，段落经过重新编排）

Part 2

-

如何积累更好的素材

记载一件东西，叙述一件事情，发表一种意见，

吐露一腔情感，都可以成为文章。

把眼睛里看见的光景记下来，当然也成为文章。

　　我喜欢像聊天一样飞起来的语言，从琐碎平常的生活中入
笔，三言两语，语言便抬起头来。那是把地上的事往天上
说的架势，也是仪式。

把地上的事往天上聊

刘亮程

聊天

散文是聊天艺术。何谓聊天？就是把地上的事往天上聊。这是我们中国人的说话方式，万事天做主，什么事都先跟天说，人顺便听到。

把地上的事往天上聊，也是所有文学艺术所追求的最高表达。从地上开始，朝天上言说，余音让地上的人隐约听见。文学艺术的初始都是这样。最早的文字是字符，写给天看的。最早的诗歌是巫师的祈祷词，对天说的。说给天听，也说给天地万物听，那声音朝上走，天听过了，落回到人耳朵里。

民间的传统戏台对面都有一座庙，庙里诸神端坐。听戏人坐地上，戏台高过人头，那戏是演给对面庙里的神看，说唱也是给庙里的神听，唱音越过人头顶，直灌进神的耳朵。整个一台戏，是台上演员和庙里的神交流，演戏者眼睛对着神，很少看台下的人，他知道自己唱的是神戏，不是人戏。人只是在台下旁听，听见的，也只是人神交流的"漏音"。

至少在《诗经》时代，我们的祖先便创造出了一整套与天地万物交流的完整语言体系，《诗经》中有数百种动植物，个个有名字，有形态，有声音颜色。"关关雎鸠，在河之洲。"关关是叫声，雎鸠是名字。一只叫雎鸠的鸟，关关地鸣叫着出现在《诗经》的首篇。

这样一个通过《诗经》《易经》《山海经》等上古文学创造的与万物交流的语言体系，后来逐渐失传了，取而代之的是一套科学语言。

对天地说话，与天地精神独往来，这是我们中国散文的一个隐秘传统。

喧荒

与聊天相近的还有一个词叫喧荒，北方语言，喧是地上的嘈杂之音，荒是荒天野地的荒。想想，这样一场语言的喧哗与寂寥，时刻发生在民间的墙根院落。

喧荒或从一件小事、一个故事发端，无非家长里短，鸡毛蒜皮。但是逐渐地，语言开始脱离琐事，有了一种朝上的态势，像荒草一样野生生地疯长起来，那些野生出来的语言，一直说到地老天荒，说到荒诞荒芜。

这才叫喧荒，是从地上出发，往虚空走。直喧到荒无一言，荒无一人。

这是话语的奇境。

无论是聊天也好，喧荒也好，都是把地上的话往天上说，也就是把实的往虚里说，又把虚说得真实无比。也无所谓有无，喧至荒处，聊到天上，已然是语言尽头，但仿佛又是另一句话的开始。

仪式

到乡间随便坐到哪一个墙根，跟那些老人说话，听他们喧荒聊天，聊的全是散文，这是中国人的思维方式。不可能聊出小说，也不可能是诗歌。据说在唐代人人出口成诗，但现在，我们在民间言语中听到的多是顺口溜之类的东西。

我知道有一些草原民族，他们日常聊天会有诗歌。新疆的哈萨克族，客人到主人家毡房，进门后会吟诵赞诗，先从毡房开始赞美，一直到毡房中的铁炉子、炉钩、炉铲子、炉子上烧奶茶的茶壶，然后赞美主人家的牛羊，赞一圈最后赞美到主人，都是现成的诗歌或者现成的模式。有时客人即兴发挥，主人听得高兴，家里被赞美的一切也都听得高兴。客人在赞美主人家的毡房时，一定相信毡房会发光。赞美羊时，羊会咩咩回叫。哈萨克是一个诗歌民族，把诗歌日常化，又把日常生活用诗歌仪式化。

我们不一样，是一个散文民族，说一个事情的时候总是先入为主地用散文的方式去说，就像聊天，从一个小事开始聊起，拉拉扯扯把整个村庄聊完再回来。

传闲话

在民间更接近散文创作的是传闲话，闲话是一种民间散文体，女人最喜欢嗑瓜子倒闲话，先由一个小事开始，看似在讲故事，其实完全不是故事，讲的是是非，是道德。

当一件小事经过一个人传到另一个人的时候，就进入了散文的二次创作，传遍整个村庄回来的时候，早已不是原初的故事，被中间的传播者添油加醋，发挥自己的想象，发挥自己的是非观点，最后一个故事被传得面目全非。

俗话说，话经三张嘴，长虫也长腿。长虫是蛇。一条蛇经过三个人去传，就变成长腿的动物了。这个让长虫长出腿来的过程，就是文学创作。不可能传到长出翅膀，长出翅膀就是飞龙了，那不叫闲话，是神话了。

散文创作跟传闲话一样，是有边际的。一个现实中的事物经过散文家的自由想象、恣意虚构，但仍然在我们的经验和感知范围之内。人间的故事在人的想象边缘找一个合适可信的位置停下来，不会超越感知。

散文是人间的闲话，不是神话。变成神话就没人相信了。

说书

还有一种民间语言形式叫说书。

小时候，我的后父是个说书人。我们住的那个偏僻村庄，只有一个破广播，有时响有时不响，收音机也不是每家都有。我记得一到晚上，村里许多人就聚集到我们家，大人们坐在炕上，炕中间有个小炕桌，炕桌上放着茶碗、烟，我父亲坐在离油灯最近的地方，光只能把他的脸照亮，其他人围着他，我们小孩搬个土块或者小木凳坐在炕下面，听我父亲一个人讲，讲《三国演义》《杨家将》《薛仁贵征西》。我父亲不怎么识字，他所讲的那些书，全是听别的说书人说了之后自己记住的，在我印象中，我父亲从来没有把《三国演义》或《杨家将》讲完过，他讲不完，他学的就是半部《三国演义》，他经常把三国讲乱，提起三国乱如麻，不如我给你讲杨家将吧。三国讲不清楚就讲杨家将。

中国人的这种说书传统非常有意思，说的是小说，讲出来就变成散文。因为说书人要经常把故事打断，停在那儿去倒是非，做道德判断。故事停下来时，小说就不存在了，变成散文。任何一部中国小说，一经说书人言说就变成了散文。

乡间的说书人没有几个是看过原著的，多半是从上代说书人那里听来，听的就是一个二手书。然后，说的过程中，今天忘一段，明天又想起一段来，忘掉的部分就是留给自己创作的。每个说书人都不会老老实实去说一本书，总是在某个地方停下来，加入自己的创作，加入自己的想象，加入自己的道德判断。这是说书人的习惯。故事对他来说不重要，重要的是故事讲到恰到好处时，停下来去讲是非。

西方小说是让故事从头到尾贯通下去，我们的章回小说则会常常地打断故事，把故事扔到一边去论道理讲道德。民间说书人沿袭这一传统，他们有能力把故事停下，论一段是非后，故事还能接着往前走。这是中国章回小说和民间说书的一个重要特点。中国人也习惯了这样听故事，因为他们知道听的不是故事，而是故事后面的意思和意义，当他们开始欣赏故事后面的意思和意义时，其实已经进入散文了。我们的四大名著，那些演义，被我们称为长篇小说的鸿篇巨作，一部一部地被民间说书人说成散文。我们在听书中，也学会了一种言说和叙述的方式，就是散文方式，所有的古典小说也被我们听成了散文。

说话

散文就是中国人的说话、聊天、喧荒、传闲话。

我们的散文家在民间不断的聊天和喧荒中获得了新的资源、新的词汇，像聊天和喧荒这样的词，不可能由作家创作出来，可能是古代作家的词语流入民间，被民间继承下来，然后又被作家重新发现，所以散文就是我们的一种说话方式。有时候，散文家需要在民间说话中寻找散文的新鲜语言，更多时候，那些古往今来优秀的散文流传到民间，影响国人的说话方式。民间聊天和文人文章，相互影响，形成国人的说话方式和散文写作方法。

"天"和"荒"

散文不是小说，不需要从头到尾去讲故事。散文是乡人聊天，所有该说的话都已说完，该发生的事都已发生完，看似没有任何话可说的地方，散文写作才刚刚开始。

散文就是从生活的无话处找话。

散文不讲故事，但是从故事结束的地方开始说话，这叫散文。

小说的每一句都在朝前走，散文的每一句都是凝固的瞬间。

散文没有那么多的空间和篇幅容纳一部小说的故事，但是散文总是能让故事停下来，让人间某个瞬间凝固住，缓慢仔细地被我们看见，刻骨铭心地记住。

所以散文也是慢艺术。慢是我们对待生活的一种态度，这个世界的匆忙用小说去表述，这个世界的从容和安静用散文来呈现。散文是沉淀的人心，是完成了又被重新说起的故事，它没头没尾，但自足自在。

大多数散文写日常，既然是日常那肯定是常常被人说尽，说出来就是日常俗事琐事，在这样的散文中怎么能写出新意，只能绝处逢生，日常被人说尽处才是散文第一句开始的地方。无中生有也好有中生无也好，散文就是这样一种艺术，在所有语言的尽头找到你要说的一句话。

小说有明确的故事走向，有事件的结局和开始，有严谨的结构。小说需聚精会神去写。散文则要走神，人在地上，神去了别处，这是散文创作的状态。也如聊天，把地上的事往天上聊的时候，人把地上的负担放下了，就像把身上的尘土拍落在地。聊天开始，就有了这样一种态势，他知道自己嘴对着天在说话，对着虚空在说话，对着不曾有在说话，对着一个荒在说话。

散文无论从哪儿写起，写什么，都不重要，重要的是写作者心中得有那个"天"和"荒"。心中有"天"和"荒"，才能写出地老天荒的文章。

散文是一种飞翔的艺术，它承载大地之重，携尘带土朝天飞翔。许多散文作家是爬行动物，低着头写作到底，把土地中的苦难写得愈加苦难，把生活中的琐碎写得更加琐碎，把生活的无意义无味道写得更加无意义无味道。他们从来都不会走一会儿神。

我喜欢像聊天一样飞起来的语言，从琐碎平常的生活中入笔，三言两语，语言便抬起头来。那是把地上的事往天上说的架势，也是仪式。

二〇一七年一月

山西散文年会，太原

（本文选入时有删减）

因为要发表，所以要习作。习作就是练习说话，也就是练
习思想，把那结果写出。

习作是怎么一回事

叶圣陶

习作到底是怎么一回事？教学国文的双方似乎都不大问，其实是应该问的。

如果回答：课程标准规定有习作一项，所以要习作。这不能算回答，因为没有说明白习作是怎么一回事。

如果回答：一个人须要写文章，习作就是学习写文章。这是回答了，因为说明白是怎么一回事了。

可是，一个人为什么定要写文章呢？照普通见解说，写文章是文人的事儿。一个人工人、农人、商人，什么都可以做，哪有注定做文人的？既然不注定做文人，为什么定要写文章？

话似乎应该这么说：我们且把文人和文章撇开。人人做文人，绝无此理。习作的目的不在学习写文章，预备做文人。——这是一层，属于消极方面的。

一个人固然什么都可以做，可是无论什么人都有意思情感，而且，无论什么人都生活在人群中间，随时有把意思情感发表出来的需要。发表可以用口，可以用笔，比较起来，用笔的效果更大。因此，人人都要学习用笔发表，人人都要习作。

用口发表，凭借的是语言；用笔发表，凭借的是文字。语言与文字其实是二而一的东西。在通行了口语文的今日尤其如此，语言说"今天早上"，文字也写"今天早上"，语言说"物价涨得太厉害了"，文字也写"物价涨得太厉害了"。只要说得不错，写出来一定不错，除了写别字以及写不出那个字以外，写的方面是没有多大问题的。功夫还得用在说的方面：写得好就因为说得好。

至于说，当然不只是运动发音机关，发出一串语音来的事情。说些什么，怎么个说法，都得凭各人的经验做底子。换一句说，都得凭各人的世界观、人生观，以及语言习惯做底子。底子不好，无论如何说不好。说好话写好文字的人，其实不是他们的话好文字好：是他们的底子好。

到这儿，习作是怎么一回事的问题可以回答了。习作是凭各人的底子，努力说好话，把它写出来。就是这么一回事。——这又是一层，属于积极方面的。

凭各人的底子，努力说好话，其实就是一串思想过程。

有一派心理学者说，思想是不出声的语言。凭经验，我们可以承认这个话。我们不能空无依傍地思想，我们思想依傍语言。想这个，想那个，就是不出声的说这个，说那个。先怎么想，后怎么想，就是不出声的先怎么说，后怎么说；朦朦胧胧的思想就是七零八落的语言，如果说出来，不成其为话；清清楚楚的思想就是有条有理的语言，如果说出来，就是一番好话。思想与语言也是二而一的。把前面说的调过来说，语言是出声的思想。

这样看来，又可以说，习作就是练习思想。

总括以上的意思：因为要发表，所以要习作。习作就是练习说话，也就是练习思想，把那结果写出。

关于练习，还有些话可说。譬如学数学的人翻开一本数学教本，那上面有若干题目，布多少钱一尺，五尺该多少，一块地东西多宽，南北多长，面积该多少，他就——计算，这叫作练习。实际上他并不买布，并不量地，只是假定有那么一回事而已。因此，似乎所谓练习是应付假设的事，不是实际生活中的事；是准备阶段的事，不是当前受用的事。其实不然，虽不买布，但买米买柴同样可以用买布的计算方法；虽不量地，但量房间量桌子同样可以用量地的计算方法。所以练习也是实际生活中的事，也是当前受用的事。

至于习作，尤其如此。你必须有一些材料，一番意境，才可以习作。材料是实际生活中得来的，意境是此时此地想起的，你凭这些个来练习说话，练习思想，绝非应付假设，绝非为他日的说话思想做准备。你练习得好，就是当前说好了一番话，想好了一段思想。所以习作也是一种实际生活，不是假设的游戏。

根据以上的见解来看在春先生的《集体习作实践记》，那就是一部讨论怎样说好话的书，也就是一部讨论怎样想好思想的书。书中虽然分出"材料商讨过程"和"文字商讨过程"，好像把内容和形式划为两事，其实这只是为的讨论的方便。材料既已选定，前后排比既已停当，那时候，一个词儿一种语气的运用也就安排好了。换句话说，内容既已确定，形式也同时完成了，只待写下来就是。如果有一个词儿尚待推敲，一句语气尚待揣摩，那就是话没有说好，思想没有想好，还是内容方面的事。

次说"集体习作"，这个办法非常好，就是许多人共同练习说话，练习思想。一个人难免有欠周妥处，大家讨论，讨论到大家满意，那一定是比较好的说法和想头了。我曾经写过些关于写作教学的文字，都说到共同讨论，正合在春先生的意思。

希望这本书能得到教师和学生的深切注意。

民国三十五年五月三十日，叶绍钧

（本文选入时标题有改动）

　　我也曾幻想能一蹴而就。但生活教育了我。创作这种事是
最不能靠侥幸的。
　　让我们扎扎实实地辛勤耕耘，去迎接收获吧！

从作文到创作

刘心武

一

上中学起，我就非常喜欢作文课。

我总想写点儿与众不同的东西。

初三时，语文老师有次允许自由命题，我就自由地定下了"什么发型美"这样一个题。文体是半文半白。老师给了我一个高分，但在批语中发问："是否有所依傍？"

我确实没有具体地去参考、引用、模仿哪篇已印行的现成文章。

回想起来，我那篇作文是很好笑的。老师之所以有所鼓励，大约是觉得我那篇文多少有些与众不同。

想与众不同，这就是创作意识的萌芽。

二

我长大成人后，当过十多年中学语文教师。

每当我从学生作文中发现与众不同的构思、立意、布局、造句、修辞……时，总有一种惊喜之感。我讨厌看千篇一律的东西。不愿看而又不得不看时，简直是受熬煎。

但偶尔我面对着一篇与众不同的作文，不是惊喜而是惊急。

"惊急"这个词是我此时此刻生造的。不用此词不足以概括出我彼时的复杂心情。

那作文是有才气的。角度新颖，形象感强，也就是说，作文的学生很有想象力，他作文犹如撒缰跑马，十分放松，使你感到他文思蓬勃，游刃有余。

然而他太不注意基本功。错别字过多，显然遇到拿不准怎么写的字时，他并不去查字典。某些句子只是大体上通顺，但严格要求起来，诸如关联词的搭配、限制词的安置、修辞格的运用、复杂长句中短语的嵌入……"毛刺"颇多，显然他是一挥而就，而并不在终篇后耐心修改润色。有些段落韵味不足却戛然而止，有些段落又明显堆砌臃肿。标点符号时有脱落误植，某些字词连笔挥就难以辨认。

令人遗憾。

三

作文还不等于创作。

作文，首要的意义在于学会掌握运用写文章的基本功。所以作文允许一定程度的模仿，评判一篇作文的水平，有否才气甚至可以摒除在标准之外。

创作，首要的要求是能否道他人所未道，出他人所未出之新。所以作家的稿子上有些零星的错别字，有些不规范的简化字，有些脱漏，乃至有一两句不大顺当的话，只要总体来说确为创新之作，便不算什么问题，那些舛误，编辑同志加以改正便是，并不影响作品的发表。

我们没有必要要求每个中学生都能写出有才气的文章，都能搞文学创作。中学生中的绝大多数，将来都不可能也没必要去当作家，或热衷于业余文学创作。所以如果一个中学生的作文能写得立意健康、表达清楚、文理通畅、颇为生动，我们也就应当予以赞扬了。相信这样的同学，将来无论到什么工作岗位上，都能正确熟练地使用祖国语言，用笔发挥应有的作用。

作文中透出才气的中学生，倘若他自己有将来从事文学创作的想法，语文教师应当更严格地要求他掌握好语文基本功。见到那种透出才气但因基本功不足而限制了才气发挥的文章，惊且急，是可以理解的。倘若一个这样的中学生始终恃才使气，不注意把语文基本功磨炼好，那么，他将来要搞文学创作，恐怕也是很难成事的。

四

再好的作品，也要一个字一个字，一笔一画地往下写。所谓一挥而就，不过极言其速度之快而已。

焉知文中字，笔笔皆辛苦？

一些爱好文学的中学生，以至于青年人，把搞文学创作这件事看得太容易了。

有的以为只要得到名家指点推荐，便可成事。

有的以为只要得到某种秘诀，便可成名。

有的以为只要埋头苦写，便可"铁杵磨成针"。

有的屡试不成，便或愤世嫉俗，或自暴自弃，甚而模仿抄袭，以求一中。

写出一篇好的作文，尚且不易。

写出一篇能够发表的文学作品，又谈何容易呢？

写出有影响的文学作品，那就更难了。

往往影响也是一时、一阵儿的事。要写出经得起时间和一茬又一茬读者筛选，始终保持欣赏价值的好作品，那就可能努力一辈子也达不到。

这样说可能令人扫兴。

但盲目的兴致对我们又有什么好处呢？

五

那么，要搞文学创作，需要具备哪些条件呢？

我以为至少需要：1.对生活的熟悉。也就是要有生活。专业作家要深入生活，业余作者也要尽可能开阔视野，并比一般人更仔细地体察生活。对生活的熟悉我以为又主要是对人的熟悉，对人的熟悉我以为又主要是对人心灵的熟悉。2.对生活的理解。也就是要运用辩证唯物主义和历史唯物主义的观点观察生活并理解生活（这就需要认真学习马克思主义），了解生活中的矛盾冲突的来龙去脉，各种力量的消长，及展望生活的前景。3.想象力。4.艺术感受力。这又取决于：5.阅读中外古今文学著作的量的积累与从中感应到的东西的沉淀与升华。6.丰富的感情、爱憎及其他感情的浓度与力度。包括极其重要的幽默感。7.语文基本功。8.才能。一部分来自遗传基因，一部分来自环境熏陶，一部分来自具体的亲友邻朋师长启迪，而最大部分来自个人自觉的培植与积蓄。9.百科知识的相当积累。举凡哲学、自然科学、工程技术、历史、地理、民俗，以及艺术中文学以外的戏剧、美术、音乐、舞蹈、曲艺、电影等门类，都应有所了解，有所涉猎。10.毅力。不怕失败，不怕挫折。善于学人之长、避己之短……

我以为这不过是极粗疏的勾勒。而且还只涉及了主观方面，客观条件尚未计入。

我自己就都具备吗？想到这一点常愧汗交加。

说这些，不是为了吓退有志于文学创作的中学生和青年人。真正有才能和毅力的人也是吓不退的。

但时下拥挤在文学这条小街上的人过多，也是事实。为疏散计，为避免许多人一再在冲撞中失败而生出无谓的痛苦计，我以为说说这些看法，也许还有点儿好处。

六

然而文学创作毕竟是迷人的。

就是不写供公开发表的文学作品，而只是在自己的日记本上用散文和小诗写一点儿动情的感受，不也是一桩欣悦灵魂的事吗？

所以说"文章甘苦事，得失寸心知"。

作文，创作，苦是苦，但苦中有甘。

世界上又有哪一种能创造出有益成果的劳动，不是苦中有甘呢？

七

多读、多想、多练。

"这种劝告我听多了！"有的中学生、青年朋友几乎要捂起耳朵。

还是不要捂耳朵的好。

人类至少在目前还不能具备获得性遗传。游泳健将的儿子仍需要从头学习游泳，翻译家的女儿仍需要从字母开始学习外文，作家的儿子绝不可能生出来便有创作才能。

才能在一定意义上来说，也便是积累。

要多。多到什么程度？难说。反正越多越好。

我也曾幻想能一蹴而就。但生活教育了我。创作这种事是最不能靠侥幸的。

让我们扎扎实实地辛勤耕耘，去迎接收获吧！

一九八三年一月二十五日写于北京

桂林文昌阁里有一副对联，其中有一句是："水月尽文章，会心时原不在远。"

会心时，就是灵感来的时候，也可以说就是由于水月所发生之联想。

神秘的灵感

姜建邦

一、灵感的神秘

据说在英国威士敏寺院里，诗人华兹华斯的墓上，立着一个纪念碑。碑的图样是一个天使展着翅膀，按着诗人的肩头，侧身在他的耳边细语，传达诗歌的灵感；华兹华斯伏在案上，在天使传给灵感的时候，写他的诗歌。

艺术所依赖的是灵感，古人都说是由于神的启示。柏拉图在他的《对话》里这样说："有一种迷狂症是诗神激动起来的。她凭附着一个心灵纯朴的人，鼓动他的狂热，唤起诗的节奏，使他歌咏古英雄的丰功伟业，来教导后人。无论是谁，如果没有这种诗人的狂热而去敲诗神的门，他尽管有极高明的艺术手腕，诗神也永远不让他升堂入室。"这里所说的"迷狂症"就是灵感。古希腊也以为各种艺术是由一位女神主宰。中国文学家也有"下笔如有神助"的说法。相传江淹有一夜梦见郭璞

53

向他说:"吾有笔在卿处多年,可以见还。"他探得怀中五色彩笔,还给郭璞,从此以后,写诗作文就无美句,这就是所谓"江郎才尽"。这些都是把灵感看作很神秘的东西。

我们在说明灵感的特点和灵感的心理解释以前,先看看几个人对灵感的意义的解释。灵感的意义是什么呢?有一个人这样解释:"也许你正在欣赏风景,或是在花丛中寻觅可意的一朵,或是在临风默想,或是在寂静的田野中散步。正在这一刹那间,你心坎的深处,好像被什么一掠,感觉到微微的一动,你的意想中,立刻有一个新的境地映显出来,这就是一种奇异的启示,这就是灵感。"

只要我们触动这个灵感,美术家自然会几笔画成一幅杰作,音乐家自会叮当地奏出动人的曲调,写作家自会执笔写出夺人心魄的妙文。要紧的是不要放过这个机会,让灵感飞去,它常是一去不复返的,多少人因为一时的懒怠,误了妙文的产生。

文人布封有几句话说得十分清楚,他说:"有时你觉得有一种微小的电力来撞你的头脑,同时捉住你的心胸,在这个时候就是天才的当儿。"这种撞你捉你的、微小的电力,就是灵感的冲动。

灵感总是有些神秘,使人不可捉摸。

二、灵感的特点

照前面的话看来，灵感有以下的特点：

（一）灵感是突然来突然去的，为时极短，如果不能立时捉住它，把它现形化，它就一去不返，也许再也寻不到它的踪迹。所以许多文人都有近接灵感的准备。诗人李贺骑驴出游，总是带着纸、笔、锦囊，一有诗的灵感，就立刻把它写下投在锦囊里。左思作《三都赋》的时候，家庭中到处放置纸笔，举凡门旁、床边、食处、书房，甚至连厕所里都有预备，一旦灵感来时，立刻写下，免得让妙句漏走。梁启超睡觉时案头放着纸和笔，胡适也有这样的习惯。有许多人，灵感来时，因为没有准备，只能在信封的背面，或是包裹纸上，写成了他们的不朽作品。

（二）灵感来时，能使作者很省力地写出自己也不相信的作品。这种作品往往既迅速，又精美。歌德写《少年维特之烦恼》就是好例。他自己说，听到耶路撒冷自杀的消息，仿佛看见一道光在眼前瞥过，立刻就把《维特》全书的纲要拟好，一口气把它写完，然后把稿子复阅一遍，自己觉得很诧异。他说："这部小册子好像是一个患睡行症的人在无意识中写成的。"

（三）灵感之来，往往出于作者意料之外，作品完成了，才感到自己又完成了一件作品。雕刻家罗丹作《流亡的犹太人》便是如此。他说："有一天，我整天都在工作。到傍晚时正写一章书，猛然间发现纸上画了这么一个犹太人。我自己也不知道是怎样画成的，或是为什么去画它，可是我的那件作品全体却已具备于此了。”

（四）灵感有时希望它来，它偏不来；在无意中它却突然出现。音乐家白理阿兹替贝让洁的《五月五日诗》谱曲，谱到收尾的叠句“可怜的兵士，我终于要再见法兰西”时，猛然停止，再三思索，终想不出一段乐调来传达这诗句的情思。过了两年，他去游罗马。有一天失足落下河去，遇救没有淹死，爬上来时口里所唱的一段，就是两年前再三思索而不能得的。在中国唐时有一个和尚，在中秋节写了一句诗：“此夜一轮满。”费尽心思，也写不出下句。直到次年中秋，灵感来时，立刻接上下句：“清光何处无。”

三、科学的解释

关于灵感的解释，古人说是由于神的启示，但现在科学的解释是由于潜意识作用和联想作用。

什么叫作潜意识呢？心理学者詹姆斯曾说过一个实例：

有一个人跌下火车之后，把原来的经验都忘记了。他在一个小镇上做了几个月的小生意。有一天，他忽然醒过来，发现身旁的事物都不是习见的，才自疑怎么会走到这个地方。旁人告诉他说，他已经在这里做了几个月的生意了，他绝不相信。

　　这个人在做小生意的时候，就是靠着潜意识的活动。

　　催眠术完全是利用潜意识的活动。受催眠者的言语行动，和醒时往往完全不同。例如在平时他本没有臂力，在催眠中能举千斤重担。更有一件怪事，就是在催眠中你吩咐他的话，醒来后，虽然不记得，但是过了些时候，他会照你的吩咐做得一字不错。这就是因为在潜意识中还保存着这些吩咐的话。

　　灵感就是在潜意识所酝酿成的意象，涌于意义之中，而意识仍旧存在。例如德国作曲名人亨特尔的一首无匹歌曲，就是因为听见铁匠在铁砧上打铁的声音所引动而写成的。亨特尔平日在潜意识中已经早就暗中有了一首曲子的雏形，直到一天，意识中听见打铁的声音，和无意识中的乐曲偶有相仿之处，因而把潜意识中的全部曲子的雏形一起勾引出来了。

　　灵感产生的第二个原因是联想，一个人看见地上白色的月光，立刻想到家乡和家庭中的亲人，不觉情感涌出，不费力便写成"举头望明月，低头思故乡"。因为作者在故乡时曾多次在茅舍之旁，仰面欣赏月光，因此月亮和故乡发生了关系，现在一旦看见了月光，把从前之景象也联想起来了，因而产生了这首诗的灵感。荷马写世界闻名的史诗特洛伊被围十年的故事，是由于看见美人娇艳的一笑，也是这个原因。

　　桂林文昌阁里有一副对联，其中有一句是："水月尽文章，会心时原不在远。"

会心时，就是灵感来的时候，也可以说就是由于水月所发生之联想。

四、招引灵感的方法

我们写文章常是缺乏灵感——得不到新鲜的意思。为了这点，有两种方法对于写作是有帮助的：

第一，培养写作的动机。例如：常和爱好文学、努力写作的人往来谈话，从这些接触中，可以获得写作的灵感，使写作的动机成熟。其次是预备写作的环境，把笔墨纸砚等预备齐全，给自己布置一个写作的环境。第三是下决心"开始写作"，这样也许文思会不断地涌来。尼克仲说：

多数的人最大的困难是"开始"，工作一旦开始了，这些活动便会蜂拥而来。有许多作者，往往写到半截就停止了，为的是孵育目的，重整工作的态度。有志从事写作的人，应当注意自己是要咬牙垂发做些落空的努力呢？还是养成一种能坐下就起劲专心工作的习惯？决不可相信，前者比后者能产生更好的、创作的工作。

第二，作家为了使思想更自由地呈现，有许多招引灵感的方法——这些也可以说是文人们已经成了习惯的怪癖。兹分述如下：

刺激品是文人最常用的。李太白"斗酒百篇"，中国许多文人都在酒后文思最盛。美国的爱伦·坡、英国的狄更斯等人，都借助于鸦片；林语堂和鲁迅等人，写文章必定要吸香烟；法国的伏尔泰和巴尔扎克，都借助于咖啡；莫泊桑借助于以太；雪莱饱饭之后，坐在火炉旁时灵感最盛；音乐家莫扎特也是在饭后工作最好。

调节温度，可以使血脉流通，增进思路，招引灵感。德国诗人席勒在创作时，喜欢把脚浸在河水里；包瑞特在冷室中写作，必用毛皮包头；鲁展禽在地上大滚之后，爬起来才有惊人的书画。

写作的姿势，也影响思路，增减灵感。密尔顿喜欢躺在床上写诗；马克·吐温也喜欢偃卧；英国作家法勒一生的著作，都是站着写的。据心理学专家周斯调查的结果，大半的诗人喜欢横卧的姿势。科学的实验也证明偃卧可以使血液流畅，宜于思想。

作家们几乎都有一些怪癖，但这只是文人自己的习惯，并不能证明人人如此，都有招引灵感的效力。科学家证明，只有写作的姿势和适当的刺激物，有助于思想的活跃，于写作是有益的。

　　一个动人的题目，是他写文章的一柄利刃，先给读者以刺激。如果题目失败了，全局即容易陷于危险的境地。现代的作者和著作家都知道此中的重要，所以在文章的题目和书名上，不惜多用心思。

题目的趣味

姜建邦

在我们的心里有了一个意思，或是一种情感，我们把这些思想和情感保留下来，写在纸上，或是给别人看，或是给自己日后覆按——为了这个缘故，我们才动手写文章。这种思想和情感就是自然的题目。所以文章的意思在先，题目不过是表明自己的文章的中心就是了。

题目的本身，无所谓难易。学生们作文时，常以为题目太难，乃是因为他对这个题目，没有可说的话。换句话说，就是缺乏写作的材料时，才感觉题目难。

中国古人写文章很不注意题目。常常截取篇首几个字作为题目。例如《论语》第一句是"学而时习之"，就以"学而"两字为题。《战国策》有"秦兴师临周而求九鼎"的记载，就以"秦兴师临周章"为题目，其他许多古书都是如此。

中国文学中的词，只有词谱而无题目。有许多诗也是"无题"的作品。散文中有许多著名的文章，从读者的心理方面说，题目都是很坏的，并引不起阅读的兴趣。例如韩愈的《原道》《送孟东野序》、欧阳修的《醉翁亭记》等。这种题目，若不是作者有名，文字的内容好，是惹不起读者来花费时间的。

一、题目的影响

一篇文章的题目，好像一个人的衣饰。美丽合体的衣服，能增加人的美观。破旧污秽的衣服，能使美人变为乞丐。所以郑板桥在寄给弟弟的书信里说："作诗非难，命题为难。题高则诗高，题矮则诗矮，不可不慎也。"作诗如此，作文也是如此。一个初学写作的人，对于题目的斟酌，应当和修饰词句一样地用功夫。

我曾在《青年日报》时，写过一篇短文，最初的题目是"潜藏的能力"。后来觉得这个题目太生硬，不能引起一般读者的爱好，就改成"你常常勉励自己吗"，使题目和读者发生关系，并且用一个问题引起读者的反省。文章写成后给一位朋友看，他说题目嫌太啰唆，而且有牧师说教的气味，于是他代我改为"勉励自己"，既简洁，又不失冲动读者的能力。

一个动人的题目，是他写文章的一柄利刃，先给读者以刺激。如果题目失败了，全局即容易陷于危险的境地。现代的作者和著作家都知道此中的重要，所以在文章的题目和书名上，不惜多用心思。

题目的不同，对于读者确是有很大的影响。写下文章，若是不能引动别人阅读的兴趣，就是作者的失败。我们应当在拟题时，多用些心思，使你的题目有动人的能力，使读者看见了题目，一定要把全文读一遍才肯罢休，这才达到拟题的目的。

二、最有趣味的题目

题目又像一个人的面貌，是最惹人注意的部分。美人，是因为她的面貌如玉。小说家描写人物的笔墨多是费在面貌上；明星所以有名，因为他的面部的表情动人。现代文人深知此理，所以在题目上常是煞费心思，正像美女艳饰她的面部那样当心。

怎样的题目最惹人注意？怎样的题目最有趣味？

（一）满足人类欲望的题目，最惹人注目——孔子有句话说："饮食男女，人之大欲存焉。"这是很合心理学的名言。人类最大的欲望就是丰衣足食。在缺乏食物的时候，往往不顾生命的危险和人格的堕落，铤而走险，以求一饱。我们不但注意自己的肚腹，也关心别人的饥饿，所以同情贫穷人的文章，常受读者的欢迎。例如《卖火柴的小女孩》《饥饿贫穷的犹太人》等，都能打动人心。有人估计全世界的人类至少有三分之一在从事食物的生产和支配的工作。假设有人能写一篇文章，以"一个不吃饭的人"为题目，必定很受读者的欢迎。

"男女之间"不知产生了多少可歌可泣的故事。著名的小说，大多数脱离不了"爱情"。中国的名著《红楼梦》《西厢记》、欧美的《你往何处去?》《红字》等都是。异性的动人是出于天性，无法制止。甚至英雄如项羽，被困垓下，在生命垂危的时候，高唱着"虞兮虞兮奈若何"；拿破仑临死时喊着约瑟芬的名字；孙中山先生在瞑目前对孙科说："我最对不起你的母亲。"更有一些英雄为了异性不惜牺牲任何代价：曹操领八十万大军南下，是为了实现"铜雀春深锁二乔"；吴三桂引清兵入关，出卖祖国，是"冲冠一怒为红颜"；英王爱德华八世为了辛普森夫人甘心让出王位。无怪孔子说"吾未见好德如好色者"了。

（二）引人好奇心的题目惹人注意——好奇心是人类寻求知识的动力。受着好奇心的驱使，多少人不顾生命去探险；侦探小说所以受人欢迎，就因为它能满足读者的好奇心。所以文题带些神秘性，新奇一点，就有引人的能力了。

（三）具体的题目比抽象的题目好——抽象的题目引不起人的联想，所以具体的题目最受人欢迎。

（四）有趣味的题目比普通的题目好——人们阅读的目的之一是为了消遣，所以有趣味、带些幽默性的题目，容易受人欢迎。

（五）使题目和读者发生关系——人类最关心的是自己的事。如果能使题目所讲的是读者自己的事，那么效力必大。例如"美术的意义"不如"美术对你的意义"；"勉励自己"不如"勉励你自己"。

（六）美感新鲜的题目好——一篇生硬的论文，加一个生动而美丽的题目，可以增加不少的读者。

（七）小题目比大题目好——范围太大不容易捉摸。所以题目的范围要小。例如"青年的修养"就太大，不如"谦虚的涵养"好些；"游西湖记"就太大，不如"在放鹤亭上"好些。因为要写的东西太多，就不容易写好，把范围缩小，在详尽中便产生了较好的文字。

三、好题目巡礼

我们读名人的文章，同时也应当注意他们的标题。创造始于模仿，从一些好文章的题目上，我们可以学会怎样自己拟一个新鲜美妙的文题。

（本文选入时有删减）

　　我们要到世界和本国的名著中去学习。这些技巧是经过了
数百年乃至数千年的无数才人创造研究成功的。这些技
巧，还在发展，绝对不会有止境。

技巧不是神秘的东西

茅盾

请不要见了"技巧"两字，就觉得高不可攀，十分害怕。也请不要见了"技巧"两字，就联想到一长串的形容词，一些古怪的不常见的字眼，乃至一些拗口的似白话非白话的句子。所谓"技巧"，并无神秘性。你不用害羞，说："我哪里够得上技巧。"事实上，能够把自己的意思明白说出来，就是技巧。连自己心里的意思都说不明白的，不是也常常可以遇到的吗？要是又能够把自己的意思按照自己那时的情绪说得或委婉，或坚决，或洋洋然满是乐观，或低沉而悲愤，那就是技巧的程度又进一步了。只要你不上当，不迷信写在纸上的定要是书上的字眼和句法，只要你大胆把口里怎样说的写到纸上来，那你就没有理由不相信自己也相当地把握到技巧。

一定要先排除通常的对于"技巧"的神秘的看法，然后才能够来谈怎样学取技巧。

凡借文字构成的文艺作品，最基本的单位是"字"。从前人讲究作文的方法，开头便讲"炼字"。这就是：为你所要表达的意思，或所要发泄的情绪，所要告人的物与事，找到那最适当最新鲜最响亮的单字。我们现在也主张"炼字"，也主张要那样去找去。不过从前人（现在也还有人）以为应当在书本上去找，我们却主张在活人的说话中去找——至少是要把这一个办法作为主要的基本的工作。在这一点上，我不反对"摆龙门阵"。

若干单字连缀起来，成为句子；所以句子的组织方法是要研究的第二步。这也是应当在人们的谈话中去找寻而研究的。你可以准备一本杂记簿，把听到的巧妙而特别的单字或句子，都随时记录下来。不过句子的组织法也还可以从语体的文学作品中去探寻。在那里，句子的组织法是经过作者加工的，因此就比通常人们谈话时更严密，更多变化。严密而多变化，这是造句技术的要点。

到此为止，"写"和"说"是一致的，"写"的技巧也就立根在"说"的技巧。再进一步，"写"就要求它特有的技巧了，然而也并不神秘。

我们试从一个实践的例子来说明这一问题。

茶馆里有人在讲故事。讲者富有口才，所以故事很动听，你把故事记录下来了，你研究，你会觉得它的精彩地方，例如语言的生动而巧妙，又非写作所能及，然而比起一些好的写作的故事来，它的结构是松懈些，而情节的发展也平板些。这小小的研究，告诉我们一件事：茶馆里讲故事的那个人对于故事的技巧的一部分未尝有过研究，因为他不是有意要做一个说故事的人。而另一方面，那些作为文艺作品写出来的故事却因作者有意地讲究这方面的技巧，所以就见得优胜。结构上的技巧是必要的。所谓结构，不仅指人与事的安排配合，还须顾到全篇的节奏——这就是从故事的发展中所产生的起伏抑扬的情调。一篇作品（除了若干例外），不能一个调子从头到底；要是这样，就成为平板，就不美。因此需要有"波澜"，譬如一首曲子，拍子有快有慢的，音有高有低。一篇作品中的人、物、事，必须有现实的基础，然而到底是作者虚构的。正因为是虚构的，所以这些人、物、事的发生、发展和结局，必须一方面入情入理，有百分之百的真实性，而同时一方面又必须紧凑，各部分成为有机体，而且具有抑扬起伏的节奏，这样才可以增加它的色彩、律动和韵味，而强烈地感动了读者。

这些技巧，我们要到世界和本国的名著中去学习。这些技巧是经过了数百年乃至数千年的无数才人创造研究成功的。这些技巧，还在发展，绝对不会有止境。

然而这一类的技巧也不是只有从名著中方可找到，方能学习。我们也要从社会生活中去撷取创造新技巧的动力。社会是在变动的，新的社会生活会产生新的文艺上的技巧。这只要研究自古至今新的文艺形式之所以产生在特定的历史时期，就可以明白的。不过这一层说起来不大简单，这一本小书里是容纳不下的，我们只能在这里略提一笔，要详细研究，须得阅读专书。

　　以上所述，倘用一句常常听见的话来总结，就是："向生活学习。"

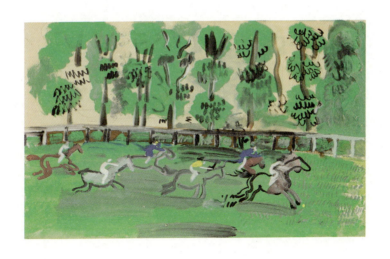

　　学生对作文不感觉兴趣的原因之一，就是教师所出的题目
不是自己经验之内的东西，所以陷于无话可说的困难。

作家的仓库——经验

姜建邦

一、创作不过是经验的改编

人生的经验是作文最重要的材料。所谓创作不过是经验的改编。没有经验的人所写的东西，必定患贫血症，内容空虚枯燥。所以伟大的作品，都是非常的经验的记录。

许多作家都道出经验的重要：

德国大诗人歌德说："取材不在远，只消在充实的人生中。"

日本文人小泉八云说："伟大的小说家、剧作家，以及一切散文作家，都是纯粹的社会人。他们在社会里发现写作的趣旨。"

诺利司："我不愿作文学的东西，却喜欢写人生的作品。"

罗丹说："紧要之点，要有感动力，要有爱，要有希望，要有战栗，要有生命，做艺人之前，先要做人。"

叶圣陶说："生活犹如泉源，文章犹如溪水。泉源丰盈而不枯竭，溪水自然活泼泼地流个不歇。"又说："写文章不是什么神秘的事情、艰难的事情。文章的材料是经验和思想，文章的根据是语言。"

有丰富过人的经验才有动人伟大的作品，所以世界许多第一流的著作，都是产生于作家四十岁以后的。

二、特别的经验产生特别的作品

许多文学家都是经过颠沛流离的生活，尝过别人没有尝过的人生味道，这些经验织成了他们的不朽作品。

刘大杰少年时家庭困苦，父母双亡，后来经过努力奋斗，获得了成功。他有这些经验，所以才写出了《三儿苦学记》。

巴金是在新时代的旧家庭里长大的，看见过新旧的人物——思想和活动的表现，所以写出了《家》《春》《秋》三部名著。

冰心当年的经验中只有母亲和小弟弟，我们就不能逼她写出别的东西来。

我们不能盼望鲁迅先生给我们恋爱小说，因为他缺乏这类的经验。

陀思妥耶夫斯基曾参加革命活动，被捕宣布死刑，后来得到了特赦，流放到西伯利亚，做了十年苦工，受尽饥寒拷打，甚至受虐待，发了癫痫病。他有这些常人没有的经验，所以有常人写不出的作品。

挪威作家汉姆生，曾做过鞋匠、学徒、煤炭挑夫、马路工人、电车司机、小学教员、新闻记者、浪人、水手、木匠等，在贫穷时常常挨饿，结果产生了饿的杰作。

高尔基的一生是大家所熟知的。他有超人的作品，因为他有超人的经验。他自己说："推动我写作的是饱尝经验。"

美国作家哥尔德自己是犹太移民，住在纽约贫民区一条陋巷里，所以后来他写了一部《无钱的犹太人》。

赛珍珠生长在中国，熟识中国的民情风俗，所以写成一部描写中国农村的作品《大地》。

托尔斯泰二十五岁曾参加俄土战争，后来写了《战争与和平》。

雷马克十八岁参加欧战，后来写了《西线无战事》。

绥拉菲莫维奇曾参加内战，后来写了《铁流》。

曹雪芹生于富豪之家，所以写了《红楼梦》。

柳宗元被贬荒僻的永州，才产生了那些可爱的记叙小品，树立了山水文学。

李后主身为亡国之君，尝尽思国怀乡的苦情，所以有那些缠绵动人的诗词。

我们不要再引证下去了，几乎每位文人的作品都是他们自己经验的记录。

三、两种经验

我们的经验，可以分为内蕴的经验和外围的经验两种。

内蕴的经验就是心灵的经验，也就是心理的描写，比外围的经验更为难得。外围的经验只要多观察，多接触社会，便能多得；内蕴的经验，有时是不能控制的，例如恋爱的心境、死了母亲的情绪，以及种种悲哀、惧怕、快乐等内心感觉，都是不易捉摸的。

汪静之曾说："只有能体验的人才能得到内含的经验，也只有能体验的人才能写出大作。体验的人的资格，是有生动的好奇心和深广的同情心这两种特性。体验的人因有这两种特性的结合，对于人生社会的兴味便更旺盛，便更能深刻地了悟人生。"

例如郭沫若写《孤竹君之二子》的时候，为了要描写饥饿中的种种幻觉，他曾立志不吃饭，以便从事体验。就是因为他缺乏这种内蕴的经验。

外围的经验是容易获得的。最容易的方法就是多游历，多参观，多考察。看尽人家没有看见的东西，那么你的经验便丰富起来。

游历在写作上有莫大的帮助。张潮有一句话说："文章是案头之山水，山水是地上之文章。"这里所说的山水，就是外围经验的一种，把它写下来就是文章。中国的文人，大都是外围经验丰富的人。

可惜我们和自然接近的机会太少了，所以我们的外围经验如此贫乏。其实山间的松涛峭壁、海边的波浪风帆、枝上的鸣鸟艳花、水中的浮萍鱼踪，都能拨动你的情绪和爱美的心情，拿起笔来写成诗文。古今多少名作都是在自然的逗引下写成的。

好的文学作品，不外是自然和人生的刻画。离开了自然和人生的作品，不过是文字堆砌、起承转合的空壳子，所以有人说：自然和人生是我们最好的教师。因为自然送给我们以外围的经验，人生送给我们以内蕴的经验。这两种经验是作家的滋养料，要不断地吸收，才能产生肥美的果实。

四、要写经验之内的东西

学生对作文不感觉兴趣的原因之一，就是教师所出的题目不是自己经验之内的东西，所以陷于无话可说的困难。结果是应付几句就算了。这样哪里会有好作品产生呢？

一个人，认不清某一件事，对于这件事就不能有所批评。如果勉强批评，一定不中肯。我们在作文之时，如果所写的不是自己很知道的事，那么所写的必是隔靴搔痒。所以我们在作文之前要认清自己，知道自己所熟知的事，然后下笔，自然有话可说了。

我曾印出各种作文题目一百个，叫学生选择自己喜欢写的十个。统计的结果发现，许多学生喜欢：我的母亲、我的家庭、中秋节记趣、春假游记、新年小记、街头小贩一类的题目，这就是因为学生对这些事比较熟识一些，觉得有话可说的缘故。

这样说来，学生们只能在自己这个小圈子里逗来逗去了。是的，起初学文，最好只在自己熟知的事上下笔，渐渐地再将范围扩大，再试在比较生涩的事上用功夫。有许多时候我们是要逼着自己做些比较难些的事，做些自己不熟识的事，否则就没有进步了。所以我主张，先写自己经验之内的东西，渐渐写到新的题目上去。

最后引杨晋豪的一段话，作为本章的结束：

书报是人生的缩图，一切古今中外的人生阅历，在书报中大都可以找得出来。小说、戏剧、散文、随笔、诗歌……在各种形式中，都记录着各种人生的姿态。在历史中更贮藏着两千年来人类生活的各种记录。在报章上，披露着目前社会的动态写实。可见除了自己的生活体验以外，经验记录是无限地存在着。平日多读书报，是帮助作者间接地了解人生和经历事物。阅读书报愈多，所得的人间阅历也愈多，而创作的题材范围也愈大。不过，倘若把别人的经验，原封不动地拿来，是不成其为创作的，作者必须将它透过自己的生活，还原为自己的经验，然后描写出来才行。

Part 3

-

明确态度是写好作文的基础

描写不是死板地照抄实际事物。

用适当的文字，把事物的外面的和内面的特质表达出来，

使人家认识它的整体，这才算描写。

　　为自己写作，也就是为每一个与自己面临和思考着同样问题的人写作，这是我所能想象的为人类写作的唯一可能的方式。

写作的态度

周国平

中国文人历来把文章看作"不朽之盛事",幻想借"立言"流芳百世。还是杜甫想得开:"千秋万岁名,寂寞身后事。"我也认为身后名声是不值得企望的。一个作家决心要写出传世之作,无非是表明他在艺术上有很认真的追求。奥古斯丁说,不朽是"只有上帝才能赐予的荣誉"。对作家来说,他的艺术良知即他的上帝,所谓传世之作就是他的艺术良知所认可的作品。我一定要写出我最好的作品,至于事实上我的作品能否流传下去,就不是我所能求得,更不是我所应该操心的了。因为当我不复存在之时,世上一切事情都不再和我有关,包括我的名声这么一件区区小事。

每一个真正的作家都有一个梦:写出自己最好的作品。可是,每写完一部作品,他又会觉得那似乎即将写出的最好的作品仍未写出。也许,直到生命终结,他还在为未能写出自己最好的作品而抱憾。然而，正是这种永远未完成的心态驱使着他不断超越自己，取得了那些自满之辈所不可企及的成就。在这个意义上，每一个真正的作家一辈子只是在写一部作品，他的生命之作。只要他在世一日，这部作品就不会完成。

如果一个人出自内心需要而写作，把写作当作自己的精神生活，那么，他必然首先是为自己写作的。凡是精神生活，包括宗教、艺术、学术，都首先是为自己的，是为了解决自己精神上的问题，为了自己精神上的提高。

所谓为自己写作，主要就是指排除功利的考虑，之所以写，只是因为自己想写、喜欢写。当然不是不给别人读，作品总是需要读者的，但首先是给自己读，要以自己满意为主要标准。一方面，这是很低的标准，就是不去和别人比，自己满意就行。另一方面，这又是很高的标准，别人再说好，自己不满意仍然不行。真正的写作者是作品至上主义者，把写出自己满意的好作品看作最大快乐，看作目的本身。

唯有为自己写作，写作时才能保持灵魂的真实。相反，为发表而写，就容易受他人眼光的支配，或者受物质利益的支配。后一方面是职业作家尤其容易犯的毛病，因为他借此谋生，不管有没有想写的东西都非写不可，必定写得滥，名作家往往也有大量平庸之作。最理想的是另有稳定的收入，把写作当作业余爱好。如果不幸当上了职业作家，也应该尽量保持一种非职业的心态，为自己保留一个不为发表的私人写作领域。

对一个作家来说，为发表的写作当然是不可避免也无可非议的，而且这是他锤炼文体功夫的主要领域，传达的必要促使他寻找贴切的表达，尽量把话说得准确生动。但是，他首先必须有话要说，这是非他说不出来的独一无二的话，是发自他心灵深处的话，如此他才会怀着珍爱之心为它寻找最好的表达，生怕它受到歪曲和损害。这样的话在向读者说出来之前，他必定已经悄悄对自己说过无数遍了。一个忙于向公众演讲而无暇对自己说话的作家，说出的话也许漂亮动听，但几乎不可能是真切感人的。

托尔斯泰认为，写作的职业化是文学堕落的主要原因。此话愤激中带有灼见。写作成为谋生手段，发表就变成了写作的最直接的目的，写作遂变为制作，于是文字垃圾泛滥。不被写作的职业化败坏是一件难事，然而仍是可能的，其防御措施之一便是适当限制职业性写作所占据的比重，为自己保留一个纯粹私人写作的领域。私人写作为作家提供了一个必要的空间，使他暂时摆脱职业，回到自我，得以与自己的灵魂会晤。他从私人写作中得到的收获必定会给他的职业性写作也带来好的影响，精神的洁癖将使他不屑于制作文字垃圾。我确实相信，一个坚持为自己写日记的作家是不会高兴去写仅仅被市场所需要的东西的。

作家对于名声当然不是无动于衷的，他既然写作，就不能不关心自己的作品是否被读者接受。但是，对一个真正的作家来说，成为新闻人物却是一种灾难。文学需要安静，新闻则追求热闹，两者在本性上是互相敌对的。写作如同一个遇难者在大海上挣扎，永远是孤军奋战，谁也无法帮助一个人写他要写的东西。这是一个真正有自己的东西要写的人的心境，这时候他渴望避开一切人，全神贯注于他的写作。他遇难的海域仅仅属于他自己，他必须自己救自己，任何外界的喧哗只会导致他的沉没。当然，如果一个人并没有自己真正要写的东西，他就会喜欢成为新闻人物。对这样的人来说，文学不是生命的事业，而只是一种表演和姿态。

我不相信一个好作家会是热衷于交际和谈话的人。据我所知，最好的作家都是一些交际和谈话的节俭者，他们为了写作而吝于交际，为了文字而节省谈话。他们懂得孕育的神圣，在作品写出之前，忌讳向人谈论酝酿中的作品。凡是可以写进作品的东西，他们不愿把它们变成言谈而白白流失。相反，那些喜欢滔滔不绝地谈论文学、谈论自己的写作打算的人，多半是文学上的低能儿和失败者。

好的作家都是作品至上主义者，他们最不愿看到的情景就是自己成为公众关注的人物，作品却遭到遗忘。

对一个严肃的作家来说，他生命中最严肃的事情便是写作，他把他最好的东西都放到了作品里，其余的一切已经变得可有可无。因此，毫不奇怪，他绝不愿意作品之外的任何东西来转移人们对他的作品的注意，反而把他的作品看作可有可无，宛如——借用昆德拉的表达——他的动作、声明、立场的一个阑尾。

我相信，凡真正的诗人、小说家、文学写作者都是作品至上主义者，他的野心仅到作品止，最大的野心便是要写出好作品。这就是我所说的纯粹的写作立场。当然，除了这个最大的野心之外，他也许还会有一些较小的非文学性质的野心，例如想获得社会上的成功。有时候，这两种野心彼此混杂，难以分清，因为写出的究竟是否好作品，似乎不能单凭自己满意，往往还需要某种来自社会的承认。然而，自己满意始终是第一位的，如果把社会承认置于自己满意之上，社会野心超过甚至扼杀了文学野心，一个写作者就会蜕变成一个世俗角色。

文学创作是在孤独中、在一切谈话都沉寂下来时进行的。一个作家在对别人谈话时只不过是一个上流社会人士，只有当他仅仅面对自己、全力倾听和表达内心真实的声音之时，亦即只有当他写作之时，他才是一个作家。

为自己写作，也就是为每一个与自己面临和思考着同样问题的人写作，这是我所能想象的为人类写作的唯一可能的方式。

为孩子写书是一个考验。我们往往对孩子估计过低，以为他们什么也不懂，所以只须写得浅，教给他们一些常识性的东西就可以了。其实，孩子的心灵是向本质开放的，他们本能地排斥一切老生常谈、辞藻堆砌、故弄玄虚等等，绝没有大人们的那种文化虚荣心，不会逆来顺受或者附庸风雅。所以，在面向孩子们时，我们必须戒除种种文化陋习，回到事物的本质。

我希望自己今后在写任何书时，都像给孩子们写书一样诚实，不写自己也不懂的东西去骗人。说到底，这世界上谁不是天地间一个孩子，哪个读者心中不保留着一点儿能辨真伪的童心？

我自己也有过少儿时代，曾经也是一个小读者。那当然是老早的事了，但是，儿时的求知渴望、少年的惆怅心情，仿佛仍在我心灵深处的某个角落里潜藏着，我是一点儿不陌生的。我一路走来，走了人生大半路程，离那个从前的男孩越来越远。然而，我有一个感觉，我觉得自己好像一路都在和那个男孩做伴，与他交谈，不断地把我的所见所闻和所感所思告诉他，听取他的回应。我诚然比他成熟，也许有以教他，但他不只是我的学生，他那么纯真、敏感，本能地厌恶一切空话和假话。深藏在我心中的少儿时代同时也是一个良师，一直在检查我的作业，督促我做一个诚实的思想者和写作者。

对一个精神探索者来说，学科类别和文学体裁的划分都是极其次要的，他有权打破由逻辑和社会分工所规定的所有这些界限，为自己的精神探索寻找和创造最恰当的表达形式。也就是说，他只需写他真正想写的东西，写得让自己满意，至于别人把他写出的东西如何归类，或者竟无法归类，他都无须理会。

凡真正的写作者都是这样的精神探索者，他们与那些因为或者为了职业而搞哲学、搞文学、写诗、写小说等等的人的区别即在于此。

写作是最自由的行为。一个人的写作自由是不可能被彻底剥夺的，只要愿意，他总是可以以某种方式写自己真正想写的东西。

写作是永无止境的试验。一个以写作为生的人不得不度过不断试验的一生。

我难免会写将被历史推翻的东西，但我绝不写将被历史耻笑的东西。

　　文章要写得感人，如果说有什么秘诀的话，我认为只有
一个：真诚。做一个真诚的人，用真诚的态度作文，在
文章中发表真诚的看法，抒发真诚的感情。真诚，是作
文的灵魂。

写作的秘诀和灵魂

赵丽宏

经常有读者问我：怎样才能写好文章？写作有什么秘诀？对这样的问题，答案可以很复杂，也可以很简单。

复杂的答案，必须谈很多写作技巧，譬如怎么构思，怎么提炼文章主题，如何以小见大，如何谋篇布局，如何驾驭文字，如何运用丰富的修辞手法，如何发挥丰富的想象力。这样的答案，可以写一本谈写作的书。很多出版社约我写这样的书，我却一直没有写。我觉得，与其写这样的书，不如多写几篇文章，把我对世界和人世的感受告诉读者，这也许比回答写作诀窍更有意思。

简单的答案，就是六个字：多读、多想、多练。要做到这六个字，其实也不简单。多读，就是要有阅读的积累，多读好书，多欣赏佳作。好文章是写作者最好的老师，那些成功感人的文章，每一篇都可以成为学习写作的范文。多想，就是多观察，多思考，通过观察和思考，积累写作素材。不要说生活太平淡，每个人的经历中，都有值得记取和书写的内容。要有一双勤于观察、善于发现的慧眼，在平凡的生活中发现不平凡的含义。多练，就是要勤写练笔。要养成用文字真实地叙述事件、抒发感情、表达观点的习惯。青少年要养成这样的习惯，最好的方法是记日记。记日记不是记流水账，而是把一天中印象深刻的事件写下来，写出自己的真实感受，日记不必长，每天几百字便可。

文章要写得感人，如果说有什么秘诀的话，我认为只有一个：真诚。做一个真诚的人，用真诚的态度作文，在文章中发表真诚的看法，抒发真诚的感情。真诚，是作文的灵魂。

撷取记忆中的珍珠

我曾经在一篇谈创作的文章中说过，所有的文学作品，其实都是回忆，回忆过去的岁月，回忆往事，回忆自己的人生经历和心路历程，回忆自己曾经对世间万物的感受和思考，回忆曾经在自己心灵深处产生的梦幻和想象。如果没有这样的回忆，就不会有笔下的文字，不会有关于往事的回溯和思考。有些往事也许是很多散乱飘忽的印象，但有些往事，怎么也无法忘记，它们常常会重现在你的眼前，会让你忍不住回忆它们，回想它们，忍不住用文字记录它们。这样的往事，犹如蕴藏在记忆贝壳中的珍珠，岁月不仅无法磨灭它们，还会把它们孕育、磨砺得更圆润、莹洁。写这些往事，就如同在记忆的贝壳中撷取晶莹的珍珠。

我的散文，很多是对往事的回忆。这些往事，并不是惊天动地的大事，也不是惊心动魄的遭遇，大多是一些小事，是一些看似无关紧要的情景和细节，然而，它们是我创作的动因，是我散文内容的主体。如《小鸟，你飞向何方》中，在书店中的那次遭遇，一本书，一个不认识的女孩，在那个动荡的时代，这样的情景，成为无法忘怀的美好回忆。写这样的往事，并不是简单的怀旧，而是表达年轻人在迷茫中对知识的向往，对理想的追寻。再如《旷野的微光》《火光》，写的都是我在农村"插队落户"时的往事，一个处在逆境中的知识青年如何走出颓丧，如何摆脱消沉，如何找到人生的方向，靠的不是空洞的大道理，而是一些具体的、撼动心灵的事情。有孤独中来自农民的关怀与问候，还有他们通过各种方式给我送书……这些往事，如黑暗中的火光，照亮了我走出困境的道路。那个时代已经远去，但现在回忆起那些往事，仍然能给人温暖，使人重温人间的真善美。

往事中，可能会有一条路、一条河、一棵树、一本书、一支歌、一幅年画、一张邮票、一只风筝、一条流浪狗，甚至只是简单的一两句话，或是天花板上的一片水迹。我从自己的散文中写了这些往事，其实也是写了人生旅途中那些难忘的风景，写了生命成长过程中那些美好的时光。这些文字，是从记忆的贝壳中撷取的珍珠。

天下万物皆有情

中国的古诗中，咏物诗是一个品类。所谓咏物，就是对物的描绘歌咏，是诗人在诗作中托物言志，借物抒情。其实，写散文也是这样，通过对一些具体物象的描写，可以抒发情感，感叹世界的丰繁和人心的浩瀚。

这里所说的"物"，究竟是什么？其实，天地之间的任何物质，都可以包含其中。可以是有生命的物种，如植物、动物，也可以是没生命的物体。这样的"物"，可以很大，一座山、一条江，甚至是大海、星空；也可以很小，小到一棵草、一片树叶、一张纸、一块石头、一粒尘埃。这些物，为什么会出现在诗文中？那是有一定原因的，因为它们曾经吸引你的视线，曾经拨动你的情感之弦，曾经和你的生活有关，使你因此而感动，由此而体悟人生的意义，思索生命的秘密。

进入诗文的"物"，都是有感情的物体，它们包含、折射着作者的喜怒哀乐。收在这本书中的文章，每一篇都会涉及"物"，每一种"物"都寄托着一段感情，留下了一份思索。如《生命草》，写的是我青少年时代的经历，观察一棵自由生长的野草，联想那个时代我们这一代人的命运和追求。《我和水稻》《我和棉花》，写我在乡下务农时种水稻种棉花的经历，却并非简单的咏物，而是抒发了青年时代在乡下务农时对生活对自然的感受。《我和杜甫》，写一尊瓷雕，表达的是我对文学的迷恋和思考。《咬人草》，写在新疆认识的一种野草，引发的是对独立不羁的个性的赞叹。《厚朴》，写一棵树，由此联想到人，赞美一个不为人注意的园丁。《最后的微笑》，写一棵历尽磨难而顽强生存的古柏，由此惊叹生命的顽强和坚忍。《我的座椅》，写一辆旧自行车，反映的是那个时代普通人真实的生活情状。《孔雀翎》，写成为商品的孔雀羽毛，引发的是对如何善待生命的思考。《独轮车》，写一辆被废弃的独轮车，却由此联想到音乐，联想到童年的生活。

其实，几乎所有叙事抒情的散文中，都会涉及不同的"物"，这些"物"和作者之间，不仅仅是视觉、触觉、味觉和嗅觉的关系，也是千丝万缕的精神联系，是作者的思想感情在客观世界中寻找到的一种寄托。因为人的存在，因为人的生活，天下万物都可能是感情的载体，它们会随着生命的歌唱翩翩起舞，变得多姿多彩，无限丰富。

想一想，你的人生经历中，有多少可以寄托自己情感的"物"，用文字把它们画出来，让它们成为情感的美妙载体。

把人物写活

在散文中写人，好比在白纸上画人。画人是否成功，很多人觉得是否画得逼真、画得像是关键。其实，人物画，逼真也许还不是最重要的，仅追求逼真，那不如拍照片，"咔嚓"一声，就把人物拍下来，和真人一样。人物画的更高境界，是画得传神，画出人物的精神和感情。这就是绘画艺术家和画匠的区别。写文章的道理也是一样的，写人物的散文，必须把人物写得生动传神，写出人物的个性。不仅要写出他们的外表形象，而且要刻画出他们的内心世界。

绘画有各种各样的品种，比如油画、国画、水彩画、版画、素描、速写，虽然用的材料和工具不同，但本质一样，都是通过丰富的色彩和线条，勾勒描绘出人物的形象。写文章，是用文字作为色彩和线条，画出人物的形象和精神。那么，什么是文字的色彩和线条呢？答案很简单，就是体现人物性格的细节、情景和故事。能给读者留下深刻印象的人物散文，一定有让人难忘的细节，这些细节，也许很平常，也许很特别，但在不同的场景中，它们可以生动传神地体现人物的情感和性格。譬如朱自清的散文《背影》，就是写了一个看似平常的细节：送别时，父亲为儿子爬过车站月台买橘子的背影。为什么这样的细节能让作者流泪，也让读者感动？因为这样的情景，正是父爱最生动的表现。父子亲情，就体现在这样细微却真实的细节中，如果不经意，这样的细节转瞬即逝，留不下任何痕迹，但如果被有心人观察到并用文字记下来，它们就会成为刻画人物的动人细节。

我写了大半辈子散文，其中很多是写人物的。重读这些写在不同年代的文字，眼前会出现一个个不同的人物，这些人物中，有我熟悉的长辈和朋友，有的人曾经与我朝夕相处，有的人只是见过几面，有的人甚至素昧平生，只是匆匆一见，甚至只是擦肩而过。然而这些人物，都成为我散文的主体。写长辈的文字，表达的是亲情，譬如几篇写父亲的散文《热爱生命》《不褪色的迷失》《挥手》，文中用的是不同的故事和细节，《热爱生命》中写父亲养金铃子，《不褪色的迷失》写童年的一次迷路。《挥手》写的是父亲去世后我对父亲的回忆，文中有很多故事和情景，但有几个细节也许会给读者留下较深的印象，那是父亲在不同时代三次为我送别的情景。这样的细节，也许都很平常，但在父子之间，却是刻骨铭心的记忆。《母亲和书》，写了我对母亲的误会，以为母亲对我的创作没有兴趣，没想到母亲那个藏在密室的书柜，是收藏我的著作最完整的所在。这样的故事和细节，有点儿曲折，也有点儿特别，这使我对母爱有了更深的体验和了解。我在散文中写过的有些人物，其实是素昧平生，我为什么会写他们？因为他们的言行举止吸引了我，感动了我，引起我的联想和思索，譬如《峡中渔人》，是我在长江边遇到的打鱼人，我只是远远地观察他们，他们面对急流的沉默执着，他们那种惊人的耐心，让我难以忘怀。《亮色》的构思写作，也是缘于一次偶然的路遇，一个坐轮椅去菜场买菜的残疾人，买了一束鲜花回家。我在路上观察他很久，那束价格远高于蔬菜的鲜花，让我产生很多猜想，由此推想轮椅上这位残疾人的人生。回到家里，脑子里一直想着那轮椅和鲜花，于是写成了《亮色》。

画家画人，有浓彩重墨，工笔精绘；也有简约写意，轻描淡写。只要抓住要点，画得传神，画出人物的特点和灵魂，就是佳作。写文章也一样，可以用大量的细节和情景详尽地写，也可以只是一两个细节，甚至是一句话，一个眼神和表情，寥寥数笔，就写活了人物，写出了人物的真性情。

用文字画出天籁

天籁是什么？天籁是日月星辰的运行，是风雨烟云的变幻，是大地上万物生长的姿态，是天空中百鸟的翔舞歌唱，是草的叹息、花的微笑、昆虫的私语，是月光在水面上流动、微风在树林里散步，是细雨亲吻着原野和城市……只要你热爱自然和生命，只要你懂得欣赏大自然的美，那么，天籁就会是你无时不在的朋友，她就在你的周围，在你眼帘里，在你的耳膜边……

我年轻时，曾经在长江口的崇明岛生活过几年，那时，生活穷困，劳动艰苦，精神孤独。但是，有一个朋友始终陪伴着我，无论春夏秋冬，无论阴晴雨雪，她总在我的身边，不离不弃，使我在孤独之中感觉到一种安慰和亲近。这位朋友，就是天籁。我不仅用眼睛欣赏她，用耳朵倾听她，而且用心灵去感受她。那时，我天天在油灯下写日记，其中的一个重要内容，就是记录每天看到的自然风光。我曾经称这样的记录为"用文字来绘画"。

如何用文字来绘画，画出你身边的天籁？首先，必须发现天籁之美。只要有一颗热爱自然的心，那么，你观察到的天地万物永远不会平淡无奇。每天的日出，因天边云彩的变幻而景象迥异；庭院里的花树，也会因气候的不同而气象万千；雾里的树影，风中的芦荡，雨中的竹林，阳光下田边地头星星点点的野花，都是那么美妙，值得我把它们画出来。其次，既然是绘画，就要画出形状，画出色彩，画出千变万化的气息，这些，用文字是可以做到的，文字就是绘画的工具和材料。最后，注意积累文字。我们的汉字是世界上表现力最丰富的文字，只要平时注意积累，尽可能多地将各种各样的词语收入自己的库藏，经常检点它们，使用它们，亲近它们，熟悉每一个词语的性格和特点，在需要时，它们就会自动蹦到你的笔下，为你完成你的文字绘画。

年轻时用文字绘画的习惯，一直延续到现在，仍然其乐无穷，因为，天籁这位神奇美妙的朋友，从来没有离开过我。此类文章，现在有些作家似乎已不屑于写，在他们看来，用文字描绘自然景象，是无聊和浪费。有些人认为，文学的写作，只需写人写事写社会，无关风花雪月。此实乃误区。人若离开自然，岂不成了机器。身在自然却不识其美，是文明人类之悲哀。用文字记录描绘风景山水，不是旅游介绍，而是审美体验，是心灵感悟，是人与自然的交融和交流。

亲爱的读者，请拿起笔，写出你感受到的天籁，写出你看到过的美景，写出你在山水之间得到的审美乐趣和人生感悟。

　　我的写作习惯是"先慢后快，前长后短"，即在着手准备时慢，执笔创作时快，酝酿时间长，写作时间短。一般来说，构思不成熟，我不动笔，如俗话所说"不到火候不揭锅"。

我的写作习惯

叶永烈

俗话说："戏法人人会变，各有巧妙不同。"写作虽然不是变戏法，可是写作方法、写作习惯常常因人而异，倒也"各有巧妙不同"。在这里，我不揣浅陋，应《语文学习》编者之约，谈谈自己的写作方法和习惯，仅供读者参考。

肩上压着重担

我常常把自己关在小房间里，如痴如呆、夜以继日地写作。当我从新疆罗布泊地区采访归来，曾接连好多天赶写长篇文学传记《彭加木》。一位同志来访后，当我送他的时候，从床下拿出皮鞋，一看，上面满是灰尘！那是因为我关门写作，一直穿着拖鞋，已经好久未穿皮鞋外出了。

像这样埋头写作，终日不已，在别人看来是苦差事，而我却乐此不疲，长年如此。

我是怎样跟笔杆子结下不解之缘的呢？

　　我爱上写作，最初纯属偶然。那是在我十一岁的时候，心血来潮，写了一首不像样的小诗，向报纸投稿，居然发表了。从此，我对写作产生了浓厚的兴趣。

　　很快地，我发觉写作是很艰苦的劳动。因为我后来写了许多稿子，寄出去都未能发表。有的稿子我改了一遍又一遍，绞尽脑汁，仍遭退稿。

　　渐渐地，我不急于写作，我知道自己还很浅薄，便开始大量地读书，从中外名著中吸取营养，提高写作水平。那一段时间，我写得很少。

　　入大学之后，由于得到上海少年儿童出版社的热情鼓励和指点，我的作品"发表率"大大提高，并且出版了单行本。这时候，我写得很多，只求稿纸上的字能用铅字印出来。我把发表看作写作的最终目的。

　　年岁渐长，写作成了我的职业。我的作品再也不愁无处发表，而是来不及写，应付不了那么多的约稿。这时候，虽然我仍在不停地写，可是写在稿纸上的，不一定就愿意拿出去发表。我不再以追求发表作为写作的目的。因为我从多年的写作中体会到，作品一旦变成铅字，一印便是几十万、几百万，在读者中产生很大的影响。如果你写得好，会给许多读者以精神力量；然而，如果你写得不好，那就浪费了成千上万读者的时间；如果你的作品不健康，就会"误人子弟"，把读者引向歧路。我开始明白，手中的笔杆重千斤。我要对作品的社会效果负责。写作，不光是一种个人的兴趣、爱好，而是一项很重要的战斗任务。这样，我在小房间里拿起笔，虽然只我一个人面壁而写，我却仿佛置身于千千万万的读者之中，仿佛我在用笔向数以万计的读者发表书面演说，我变得谨慎起来。我意识到肩上压着重担。过去，写了就寄出去，能不能发表取决于编辑，如今，稿子要发表，首先要自己以为值得寄出去……

"不到火候不揭锅"

写作快与慢，是许多读者关心的问题。有人写得很慢，每天写几百字，反复推敲；有人写着写着，扔掉了，从头写起，写了一半又扔掉，反复琢磨；有人写了一稿，又改一稿，以至改十几稿；有人则一气呵成，写得很快。这些写作习惯都是可行的。

我的写作习惯是"先慢后快，前长后短"，即在着手准备时慢，执笔创作时快，酝酿时间长，写作时间短。一般来说，构思不成熟，我不动笔，如俗话所说"不到火候不揭锅"。我宁可在构思时，多花工夫。一旦构思成熟，有了强烈的创作冲动，则尽可能集中力量一口气写完，有时即使要干个通宵，也是值得的。写完之后，"冷却"一下，慢慢修改。我在执笔创作时，尤其是写第一稿，总是速战速决，用高速度写。如果说执笔写作是"一朝分娩"，那么酝酿过程犹如"十月怀胎"。不能只看"一朝"之快，不知"十月"不易。

例如，去年[1]九月中旬，《人民文学》杂志编辑向我约稿。当时，一篇以科学道德为题材的小说，我已经酝酿颇久，故事构思也已成熟，但是觉得还缺乏思想深度，未敢动笔。那位编辑来了，我花了半个多小时，把故事讲给她听。她听后，认为这一题材非常重要，又是很少有人触及的，嘱我立即写出来。我花了两天时间，把两万多字初稿写出来，即送给她看。她肯定了小说，又提出许多建设性意见。我把稿子"冷却"了一下，把时间花在写另一篇小说上。九月底，我重新把那篇小说改了一稿。一个多月以后，《人民文学》就发表了，并被《小说月报》转载。这篇小说便是《腐蚀》。写两稿，用去四天时间，不算慢。但是，自从去年年初《人民日报》上开始讨论职业道德问题，我就已开始思索了，而小说所写的那段生活，则是我在一年半前赴新疆时所经历的，所以酝酿期是相当长的。

同样，七万字的中篇《小灵通漫游未来》的二稿（即发表稿），我是用了十个晚上业余时间赶出来的，而初稿写于一九六一年，酝酿期长达十六年。

常常听见有人说写得快不好，快就是粗。我不以为然。写作是一种连续性很强的"生产"，如无特殊原因，最好别慢慢来。它不像织毛线衣，可以织几针，放一下，一有空再织几

––––––––––––––––––––

1 指1981年。

针。有几次，我写了一半，不得不放下笔，忙于出差或开会，然而，重新执笔时，极为吃力，甚至不想写下去了！当然，这只是我自己的写作体会，别人不见得也与我一样。

我写作一般不打草稿，也不写提纲，"腹稿"倒是有的，而且已相当成熟。有时，动笔前常把未变成文字的小说像讲故事似的，讲给家人听。我一般都能讲得有头有尾。讲完后、动笔前，我很喜欢听别人谈印象，提意见。这些意见，在我把腹稿变成文字时，往往会有很大的影响。

我写完之后，总是请爱人和孩子看。爱人是中学语文教师，大儿子是高中生，小儿子是初中生，常常分别从各自不同的角度，对作品提出意见，很有价值。他们的不少意见被我采纳。另外，他们还常常比赛谁找出来的错别字最多。小儿子对找错别字颇有兴趣，不过，他有时候总是把我手稿中出现的繁体字（写惯了），也当成错别字。

"只有写，你才会写"

写作多与少，是人们经常议论的话题。有人主张写作"少而精"，甚至借用列宁的话说："宁可少些，但要好些。"还有人总是把多与滥联系在一起。

我不敢苟同。我主张多写，多实践。巴金说过这样的话："写吧，只有写，你才会写。"这句话是很深刻的。只有不断地写，多写，才会写，才会渐渐写得好。列宁所说"宁可少些，但要好些"，并非针对写作来说的。许多人的创作实践表明，写得多了，其中就会有一些比较好的作品。例如，安徒生总共写了一百六十多篇童话和故事，可谓多矣，其中传之后世的也不过《皇帝的新装》和《卖火柴的小女孩》等为数不多的几篇。很难设想，如果安徒生花费毕生精力，"慢工出细活"，只写两篇童话的话，这两篇未必就会成为传世之作。据说巴尔扎克每隔三天就用坏十个笔头，并且还得往墨水瓶里灌一次墨水，可见写作之多。他一生创作了九十多部作品，为人们所称道的也只有《欧也妮·葛朗台》和《高老头》等。

我从自己的创作实践中体会到，多写是提高写作水平的重要途径。我是在不断写作之中才学会写作的。去年，我在一篇题为《作文的"窍门"》的短文中谈到："多看、多听、多想、多写、多改，这'五条'是写好作文的'窍门'。"其实，多写是最重要的一条。多看、多听、多想，是为多写做好准备；多改，则是精益求精，提高质量；多写，然后又多改，就能出好作品。

我喜欢"交叉构思""长短结合"。所谓"交叉构思"，是指同时构思几篇作品，哪一篇构思成熟了，先写哪一篇。执笔写作，只能单打一，构思不必单打一。多路构思，并不会互相干扰。所谓"长短结合"，即在中、长篇创作间隙，写些短文，既可以充分利用时间，也能换换思路，活跃思想。

写作专与杂，也是许多读者所关心的。我以为，既应当专，也应当杂。专，是指专写某一种作品，如小说、散文、诗等。只有集中力量攻一种，才会细细摸索其中的创作规律，有所擅长。杂，是指各种样式、各种题材，都写一点。我专于写科学幻想小说，其中的系列小说已完成一百万字，由群众出版社分集出版，现已出三集。但是，我也写散文、诗、杂文、报告文学、童话等。我觉得，这不妨碍专，反而有益于专。比如，写点文学小说之后，再写科幻小说，就更加注意塑造人物，刻画性格，开掘思想内涵；写点散文，注意文辞优美；写点诗，懂得语言的简练、形象；写点杂文，使我注意科幻小说的哲理；写点报告文学，被采访的对象常常成为我的科幻小说中的人物模特儿；写点童话，使我了解儿童文学的创作特点……文学中不同品种是互通的。尝试写作各种不同形式的作品，练练笔，是很有益处的。

灵感及其他

灵感——创作有没有灵感？一直是个争论不休的问题。我以为灵感确实有的，但创作不能单凭灵感。灵感，实际上是因为作者一直处于构思之中，苦思冥想，搜索枯肠，偶然从什么事情得到启示，顿开茅塞，即所谓"一石击破井中天"。一旦出现这种情况，我总是不顾一切，赶紧用笔写下来，好多次，我已经睡在床上，跃身而起，挥笔疾书，便是处于这种状态。比如，我的童话《圆圆和方方》，被许多童话选选入。在写作前，构思了好久，写不出来，偶然在洗衣服时想到一个好的构思，立即伏案写作，只花了一个多小时完成这篇两千字的作品，写一稿就发表了。当时如果不把稍纵即逝的构思及时写下来，可能作品会逊色得多。也许，那就是所谓的"灵感"吧！

心情——每每有人问起我创作时的心情。我的体会是"苦闷——绝望——豁然开朗——得意——不满意"。怎么说呢？在开始构思时，往往很苦闷，这么样不行，那么样也不行。有时，处于绝望之中，想放弃这一构思，不写了，比如，今年《小说界》第一期发表我的中篇小说《并蒂莲》，我曾设计了五种开头方法，都不行，当时可说苦闷极了，几乎到了山穷水尽的地步。然而，一旦构思成熟，就有一种豁然开朗的感觉，一泻千里，很快变成了文字。刚写完，常常有一种得意的心情。只要把作品放在一边"冷处理"一下，过段时间看看，往往大不满意。于是，又产生新的追求，下一篇无论如何要写得好一点，"苦闷"又重新开始。如此循环不已。也正因为这样，作者始终有一种努力向上的心情。

创新——每写一篇作品，总希望有新意，不想重复自己已经写过的。我喜欢不断改换作品的典型环境，这一篇以岷山为背景，那一篇以延边朝鲜族生活为背景，另一篇以世界屋脊为典型环境。作品中的人物身份、性格、形象、主题、结构，也尽可能不同于已写过的东西。正因为这样，往往不是越写越轻松，而是越写越吃力。我宁愿走艰难的创新之路，不吃别人或自己嚼过的馒头。不创新，犹如绕着磨盘打转转的驴，虽说脚在不断地走，实际上无异于原地踏步。

困难——构思作品时，最感困难的是想出一个好的开头和结尾。尤其是结尾，既要在情理之中，又要在读者意料之外，构思时最为吃力。我总是把开头和结尾都考虑妥当了，这才动笔写。

积累——创作要积累资料，积累素材。我因工作关系，接触面比较广，跑过许多地方。在上海，我曾采访过数百家工厂及许多科学研究所。这无疑是很重要的积累。我在深入生活时，随身带笔记本。采访时，记详细笔记。种种见闻，随手记。偶然有所思，也记在本子上。我有剪报习惯，我的剪报分二十多类，分门别类剪贴。写作时，案头总放着《新华字典》和《辞海》。遇上疑难之处，随手查阅。我的藏书颇多颇杂，分类存放，便于检索。我常常感到，"书到用时方恨少"。比如，有一次我的小说中涉及一个细节，即一个人在雪山上被冻，四肢颜色什么样。为了描写准确，我查了一些医学书，未查到。想及报上曾报道一位日本登山运动员在四川高山雪地里受冻十多天，被人救起，可能会有这一细节描写。我查了《新体育》《体育报》，只见到简单的消息报道。后来，在《羊城晚报》上才查到一篇详尽报道，弄清楚了这一细节，写入小说后，心里方觉得踏实了。一个作者的生活积累终究有限，不可能处处都来自直接生活经验。尤其是写科幻小说，常常涉及五花八门的细节。有人以为，科幻小说纯属作者的幻想，不，不，恰恰相反，它来自现实，来自生活。我注意每一细节的描写，就是为了使作品真实。只有真实的作品，才会有感人的力量。

在创作上，我尚是一个学步者。以上所谈，涉及一些争论中的问题。我的看法不一定正确，但我所谈的确实来自我的创作实践。也许，这正如本文开头所说："戏法人人会变，各有巧妙不同。"

　　"新意"是从哪里来的呢？有的可能是从天上掉下来的，是出于"灵感"的，比如传说中牛顿因见苹果落地而悟出地心吸力。但我们必须注意，这种灵感不是任何人都能有的。

没有新意，不要写文章

季羡林

在芸芸众生中，在五行八作中，有一种人，就是像我这样的教书匠，或者美其名，称之为"学者"。我们这种人难免不时要舞笔弄墨，写点文章的。根据我的分析，文章约而言之可以分为两大类：一是被动写的文章，一是主动写的文章。

所谓"被动写的文章"，在中国历史上流行了一千多年的应试的"八股文"和"试帖诗"，就是最典型的例子。这种文章多半是"代圣人立言"的，或者是"颂圣"的，不许说自己真正想说的话。换句话说，就是必然会说废话。记得鲁迅在什么文章中举了一个废话的例子："夫天地者乃宇宙之乾坤，吾心者实中怀之在抱。千百年来，已非一日矣。"（后面好像还有，我记不清楚了。）这是典型的废话，念起来却声调铿锵。"试帖诗"中也不乏好作品，唐代钱起咏湘灵鼓瑟的诗，就曾被朱光潜先生赞美过，而朱先生的赞美又被鲁迅先生讽刺过。

到了今天，我们被动写文章的例子并不少见。我们写的废话，说的谎话，吹的大话，这是到处可见的。我觉得，有好多文章是大可以不必写的，有好些书是大可以不必印的。如果少印刷这样的文章、出版这样的书，则必然能够少砍伐些森林，少制造一些纸张，对保护环境、保持生态平衡，会有很大的好处的，对人类生存的前途也会减少危害的。

至于主动写的文章，也不能一概而论，仔细分析起来，也是五花八门的。有的人为了提职，需要提出"著作"，于是就赶紧炮制，有的人为了成名成家，也必须有文章，也努力炮制。对于这样的人，无须深责，这是人之常情。炮制的著作不一定都是"次品"，其中也不乏优秀的东西，像吾辈"爬格子族"的人们，非主动写文章以赚点稿费不行，只靠我们的工资，必将断炊。我辈被"尊"为教授的人，也不例外。

在中国学术界里，主动写文章的学者中，有不少的人学术道德是高尚的。他们专心一致，唯学是务，勤奋思考，多方探求，写出来的文章，尽管有点参差不齐；但是他们都是值得钦佩、值得赞美的，他们是我们中国学术界的脊梁。

真正的学术著作，约略言之，可以分为两大类：单篇的论文与成本的专著。后者的重要性不言自明。古今中外的许多大部头的专著，像中国汉代司马迁的《史记》、宋代司马光的《资治通鉴》等等，都是名垂千古、辉煌璀璨的巨著，是我们国家的瑰宝。这里不再详论。我要比较详细地谈一谈单篇论文的问题。单篇论文的核心是讲自己的看法、自己异于前人的新意，要发前人未发之覆。有这样的文章，学术才能一步步、一代代向前发展。如果写部专著，其中可能有自己的新意，也可能没有。因为大多数的专著是综合的、全面的叙述。即使不是自己的新意，也必须写进去，否则就不算全面。论文则没有这种负担，它的目的不是全面，而是深入，而是有新意，它与专著的关系可以说是相辅相成吧。

我在上面几次讲到"新意"，"新意"是从哪里来的呢？有的可能是从天上掉下来的，是出于"灵感"的，比如传说中牛顿因见苹果落地而悟出地心吸力。但我们必须注意，这种灵感不是任何人都能有的。牛顿一定是很早就考虑这类的问题，昼思夜想，一旦遇到相应的时机，豁然顿悟。吾辈平凡的人，天天吃苹果，只觉得它香脆甜美，管它什么劳什子"地心吸力"干吗呀！在科学技术史上，类似的例子还可以举出不少来，现在先不去谈它了。

在以前极"左"思想肆虐的时候，学术界曾大批"从杂志缝里找文章"的做法，因为这样就不能"代圣人立言"；必须熟读圣书，心中先有一件东西要宣传，这样的文章才合乎程式。有"新意"是触犯天条的。这样的文章一时间滔滔者天下皆是也。但是，这样的文章印了出来，再当作垃圾卖给收破烂的（我觉得这也是一种"白色垃圾"），除了浪费纸张以外，丝毫无补于学术的进步。我现在立一新义：在大多数情况下，只有到杂志缝里才能找到新意。在大部头的专著中，在字里行间，也能找到新意的，旧日所谓"读书得间"，指的就是这种情况。因为，一般说来，杂志上发表的文章往往只谈一个问题、一个新问题，里面是有新意的。你读过以后，受到启发，举一反三，自己也产生了新意，然后写成文章，让别的学人也受到启发，再举一反三。如此往复循环，学术的进步就寓于其中了。

可惜——是我觉得可惜——眼前在国内学术界中，读杂志的风气，颇为不振。不但外国的杂志不读，连中国的杂志也不看。闭门造车，焉得出而合辙？别人的文章不读，别人的观点不知，别人已经发表过的意见不闻不问，只是一味地写开写开。这样怎么能推动学术前进呢？更可怕的是，这个问题几乎没有人提出。有人空喊"同国际学术接轨"。不读外国同行的新杂志和新著作，你能知道"轨"究竟在哪里吗？连"轨"在哪里都不知道，空喊"接轨"，不是天大的笑话吗？

　　细心观察——凡是一个写作对象的一举、一动、一言、
一语，都要仔细去观察、分析，不但是大事，而且小
事，不仅是表面，而且内衷，尤其要注意话后的背景和
引起的反应。

谈写作

冰心

有人说："写作靠天才。"其实，这话并不尽然。所谓天才是什么？天才的定义，是一分灵感，九分出汗，这句话就是说要多写多看。

关于多看，中外书籍都应当看，不但是文学，就是心理学、自然科学、社会科学等都应当抱着"开卷有益"的态度去多看。胡适之、梁任公，都有青年必读书目，要选择去读。因为多看可以：

一、扩充情感上的经验，使未经验过的事能以从书上经验到。

二、学习用字，用字对于写作，正像钥匙开锁一样，只要运用得纯熟，便可门门俱通。拿个事实来说吧：有一次我在轮船上，锁钥丢了，无论怎样打不开箱子，后来找到了一个专门开锁的人，他有一大串锁钥，他告诉我，这串锁钥曾经打开了许多人的箱子，果然，我的箱子也被打开了。这字眼便像钥匙可以打开许多难题。

三、习用譬喻。会演讲的人，多是用比喻，以具体的事物去形容抽象的东西，如孔子论"君子之过也，如日月之蚀焉"，这便是说明了君子之过失，好像日蚀月蚀一样的显明，人人都能看得见。

除以上所述以外，一个作者还应当：

一、多接近前辈作家，多和他们谈话。因为谈话也是一种艺术，富于热情的人，他的谈话有力，富于想象力的人谈话很美，头脑清楚的人，他的谈话有条理。这三种便是写作三个最重要的条件。使你听了，自然感觉到轻松、愉快而有意味。

二、多认识不同性的不同行的人，尤其是医生、律师和心理学家，听他们述说经验以内的事。有一次，我在火车上，碰着了几位空军壮士，于是我便问他们："当你们驾机腾空和敌机战斗的时候，心情究竟怎么样？是不是像一般人所认为的那样英勇？那样光荣？"他的回答是："哪儿有的事，当敌机快来轰炸我们的时候，我们马上就得加好了汽油，穿好了服装，配备好了战斗的工具，然后坐在机房内，把稳了飞轮，看准了时刻，一分，二分，三分，五分，十分，二十分地等待着，眼不能展，头不能动，四肢连伸都不能伸，周身像木片一般的麻木，敌机临空了，便起飞，当驱逐和战斗的时候，既不惧怕，也不英勇，心里只好像一张白纸。"由此看来，一般作者形容的空军壮士，都是客观的，不是主观的，是想象的，非经验的。

三、多旅行，多看山水风物、城市乡村的一切，便可多见事物的背景，多搜集写作的丰富材料。例如各地的风俗、人情、习惯都是值得作者研究和宝贵的。

再说到多写，多写是和多看同样重要的。

一、兴到就写不拘体裁——当你有什么感触的时候，马上就把它写下来，留待以后再整理。

二、不要写经验以外的东西——一定要写你经验以内的事实，不然，便太冒险了。

三、细心观察——凡是一个写作对象的一举、一动、一言、一语，都要仔细去观察、分析，不但是大事，而且小事，不仅是表面，而且内衷，尤其要注意话后的背景和引起的反应。

四、练习观感——这也是写作中重要的条件。

视觉——要注意形式颜色等，譬如说白人、白马、白玉和红布、红绒、红绸，虽然都是白的和红的，然而它们中间有着很大的差别。

听觉——当你和别人谈话时，要注意音调和字句，即使你一个人静待的时候，也应当留心周围环境的声音。譬如《秋声赋》，完全是各种声音的描写。

嗅觉——如同香、臭、辛、辣，而且要会描写出来。

味觉——要辨别各种食物的滋味，就如说：那种东西是甜的，它是怎样的甜；那种东西是苦的，它又是怎样的苦。

肤觉——如同冷热、松紧、粗细、干湿等，而且要会描写出来。

最后是作者本身的修养。一个作者一定有其作者的风格，并且每个作者都有其特殊风格。平常说风格有两个定义：

一、作者把适当的字眼用在适当的地方。

二、风格就是代表作家自己，换句话说，就是文如其人。

所以一个作家要养成他的风格，必须先养成冷静的头脑、严肃的生活和清高的人格。

一、作家应当呈示问题，而不应当解决问题，也就是说作家应当站在客观立场上来透视社会解剖社会，把社会黑暗给暴露出来。就好像易卜生的娜拉，也不过是呈示妇女问题罢了。所以当妇女们欢宴恭请他的时候，他只说了一句："我写娜拉的时候，并没有想到您们。"

二、不要先有主义后写文章。因为先有主义便会左右你的一切，最好先根据发生的现象，然后再写文章。

三、不要受主观热情的驱使，而写宣传式的标语口号的文艺作品。使人看到感觉滥调和八股。

（本文选入时标题有改动，内容有删减）

　　创作就是少不了"创"字，创作就是作家通过认真的独立
思考，反映自己熟习的生活与深切的感受，总之作家在说
自己想说的话。

谈创作

巴金

1. 我写小说就是要让读者了解作者的意念，要打动读者的心，不让人家知道怎么行？让人家看不懂，就达不到文学的目的了。

——《巴金谈文学创作——答上海文学研究所研究生问》

2. 创作就是少不了"创"字，创作就是作家通过认真的独立思考，反映自己熟习的生活与深切的感受，总之作家在说自己想说的话。

——《给丁玲同志的信》

3. 我本人总想坚持一个原则，不说假话。我最主要的一位老师是生活，中国社会生活。

——《文学生活五十年》

4. 我的早期作品大半是写感情，讲故事。有些通过故事写出我的感情，有些就直接向读者倾吐我的"奔放的感情"。

——《谈我的短篇小说》

5. 我在法国学会了写小说，我忘记不了的老师是卢梭、雨果、左拉和罗曼·罗兰。我学到的是把写作和生活融合在一起，把写作和人融合在一起。我认为作品的最高境界是二者的一致，是作家把心交给读者。

——《文学生活五十年》

6. 鲁迅先生的短篇《呐喊》和《彷徨》以及他翻译的好些篇都是我的启蒙先生。

——《谈我的短篇小说》

7. 我常常向人谈到启发。我们读任何好的作品，哪怕只是浏览，也都可以得到启发。我那些讲故事的短篇小说很可能受到屠格涅夫的启发写成的。

——《谈我的短篇小说》

8. 我写小说从来没有思考过创作方法、表现手法和技巧等问题。我想来想去，想的只是一个问题，怎样让人生活得更美好，怎样做一个更好的人，怎样对读者有帮助，对社会、对人民有贡献。

——《文学生活五十年》

9. 五十年来我在小说里写人，我总是按照我的观察，我的理解，按照我熟悉的人，按照我亲眼看见的人写出来的。我从来不是照书本、照什么人的指示描写人物。

——《观察》

10. 要写人，得接近人，关心人，了解人，而且爱人。

——《描写人》

11. 我拿起笔写小说，只是为了探索，只是在找寻一条救人、救世，也救自己的道路。我就是从探索人生出发走上文学道路的。

——《再谈探索——随想录三十八》

12. 我第一次提笔写小说时，我只是"为了安慰我的寂寞的心，为了发散我的热情，宣泄我的愤怒"。

自然我写小说时，我心中也不是空空的。我多少总算有一点计划；我先有了一些事情，后来便有一些人物。热情积起来成了一把火，烧着我的全身。热情又像一条被堵塞了出口的河，它要冲出去。

经过长久的内心斗争，我决定再拿笔写小说。这一次是人物、事情、地方一齐出现了。我把这一切组织起来，安排起来。人物是真实的，不过所谓"真实"在这里还有一个界限；我如果拿熟人做"模特儿"，我取的只是性格，我不取面貌和事实。

——《关于小说人物描写的意见》

13. 根据我的写作经验，所谓技巧就是中国一句俗话："熟能生巧。"写多了，写久了就懂得怎样驾驭文字。"巧"就是避开、掩盖、弥补自己的缺点，突出自己的长处。

——《访问巴金先生》

14. 我说文学的最高境界是无技巧。是文学和人的一致，就是说要言行一致，作家在生活中做的和在作品中写的一致，要表现自己的人格，不要隐瞒自己的内心。

——《巴金谈文学创作——答上海文学研究所研究生问》

15. 可能以后还会有读者来信问起写作的秘诀，以为我藏有万能钥匙。其实我已经在前面交了底。倘使真有所谓秘诀的话，那也只是这样的一句：把心交给读者。

——《把心交给读者》

（本文选入时标题有改动，内容有删减）

写作不然，没那么多规矩，痴人说梦也可，捕风捉影也行，满腹狐疑终无所归都能算数。当然，文责自负。

写作四谈

史铁生

1. 我其实未必合适当作家，只不过命运把我弄到这一条路上来了。左右苍茫时，总也得有条路走，这路又不能再用腿去走，便用笔去找。而这样的找，后来发现利于此一铁生，利于世间一颗最为躁动的心走向宁静。

我的写作因此与文学关系疏浅，或者竟是无关也可能。我只是走得不明不白，不由得唠叨；走得孤单寂寞，四下里张望；走得触目惊心，便向着不知所终的方向祈祷。我仅仅算是一个写作者吧，与任何"学"都不沾边儿。学，是挺讲究的东西，尤其需要公认。数学、哲学、美学，还有文学，都不是打打闹闹的事。写作不然，没那么多规矩，痴人说梦也可，捕风捉影也行，满腹狐疑终无所归都能算数。当然，文责自负。

2. 我想，何妨就把"文学"与"写作"分开，文学留给作家，写作单让给一些不守规矩的寻觅者。文学或有其更为高深广大的使命，值得仰望，写作则可平易些个，无辜而落生斯世者，尤其生来长去还是不大通透的一类，都可以不管不顾地走一走这条路。没别的意思，只是说写作可以跟文学不一样，不必拿种种成习去勉强它。

3. 写作者，未必能够塑造真实的他人，只可能塑造真实的自己。——前人也这么说过。你靠什么来塑造他人？你只可能像我一样，以史铁生之心度他人之腹，以自己心中的阴暗去追查张三的阴暗，以自己心中的光明去拓展张三的光明，你只能以自己的血肉和心智去塑造。那么，与其说这是塑造，倒不如说是受造，与其说是写作者塑造了张三，莫如说是写作者经由张三而有了新在。

4. 因此我向往着这样的写作——史铁生曾称之为"写作之夜"。当白昼的一切明智与迷障都消散了以后，黑夜要我用另一种眼睛看这世界。很可能是第五只眼睛，第三他不是外来者，第四他也没有特异功能，他是对生命意义不肯放松的累人的眼睛。如果还有什么别的眼睛，尽可都排在他前面，总之这是最后的眼睛，是对白昼表示怀疑而对黑夜素有期盼的眼睛。这样的写作或这样的眼睛，不看重成品，看重的是受造之中的那缕游魂，看重那游魂之种种可能的去向，看重那徘徊所携带的消息。因为，在这样的消息里，才能看清一个人，一个犹豫、困惑的人，一个受造者；比如说我才有可能看看史铁生到底是什么，并由此对他的未来保持住兴趣和信心。

幸亏写作可以这样，否则他轮椅下的路早也就走完了。有很多人问过我：史铁生从 20 岁上就困在屋子里，他哪儿来的那么多可写的？借此机会我也算做出回答：白昼的清晰是有限的，黑夜却漫长，尤其那心流所遭遇的黑暗更是辽阔无边。

Part 4
-

跟着大师写出好作文——
搭好框架事半功倍

对你所要表现的东西，要长时间很注意地去观察它，

以便能发现别人没有发现过和没有写过的特点。

　　古今有名的文章，你如果能多看多读，它的结构、它的作风、它的字句上的技巧以及思想的路径等，才能体会得到，对于你的作文才有很大的帮助。

作文难，难在何处?

姜建邦

中学生除了数学以外，恐怕要以作文为最难的功课了。为了明了中学生作文时所感得都是怎样的困难，我曾给一班高中学生这样的一个题目："作文难，难在何处?"要他们照自己的经验，把作文的困难处自由地写出来，以作国文教师的参考，并且设法给学生解决这些难题。

从他们的作文里，可以看出中学生对于作文一课确实是看作一门很难的功课。有一个学生描写道：

> 每逢作文课，同学们多是眉头皱起，双手托颚，似想似愁。有几个人把毛笔含在嘴里，仰头看着天花板，好像有什么写作材料似的；有的却把砚台来出气；也有的用笔在台板上敲得笃笃的响。

你若是在课室外面，窥视课室里作文的情形，那真令人发笑——抓头挖耳的，摸嘴探鼻的；或是咬着笔管仰着头；或是伏在桌上，显出一种心思不定的样子。

这的确是实在的情形。

学生在这一次作文里，提出十五种作文的困难：

（一）学识不足；

（二）起头难；

（三）结尾难；

（四）不懂怎样结构；

（五）缺乏材料；

（六）错字、别字；

（七）没有写作兴趣；

（八）缺乏思想；

（九）经验不足；

（十）题目不合心意；

（十一）有意思写不出来；

（十二）不能专心；

（十三）时间不足；

（十四）不明白作文方法；

（十五）不会修改。

把这十五种作文的困难，综合地来看，可以看出几个中学生作文上的问题：第一是写作的修养问题，第二是写作的材料问题，第三是题目的问题，第四是如何开始如何结束的问题，第五是布局的问题，第六是表现的问题，第七是修辞的问题，第八是写作的环境问题。这些恐怕是一般中学生作文时都感到的困难。

在这八个问题之中，尤其严重的是"写作的材料"。这里面包括学识、思想、经验、观察、想象、灵感各方面，而这些作文的内容，在整个作文中占着第一重要的地位。其余的几个问题，像开头结尾、布局、修辞、表现等，不过是作文的技巧问题而已。至于写作的环境问题，是容易控制的。只有写作的材料是轻忽不得的，所谓"巧妇难为无米之炊"，就是这个意思。

从上面的分析，可以知道，中学生作文的困难有三方面：一是作文的内容；二是作文的技巧；三是作文的环境。

为了明白中学生对于这十五种困难，觉得哪一种最难，哪一种比较好些，作者曾调查过三四百的初中学生，叫他们照自己的经验，把这十五种困难按照次序排列起来，最难的在先，次难的在后。然后分别登记统计，得到下面的结果：中学生作文最大的困难，是在内容方面，不在技巧方面。试看关于内容方面的学识、材料、经验、思想，都列在前半，而修改、表现、题目等倒不如此严重。可见中学生对作文生畏惧之心是因为没有可说的话，感觉缺乏写作资材的缘故。其次是文章的布局问题。怎样开头，怎样结束，怎样把材料组织起来。

一、材料的搜集——巧妇难为无米之炊

作文好像造房子一样，必须先预备充足的材料，然后才能造出房子来。如果没有木石砖瓦和其他必需的东西，即使是最有名的建筑师，也必定束手无策。

中学生作文的最大困难，就是"无话可说"。教师把题目写在黑板上半天了，穷索苦思，连一句也写不出来。有些学生，逼得无法，买了《作文描写辞典》《全国中学生作文精华》一类的书籍，藏在案下做助手，以救一时之急。也有些学生请人代作，挨过这个难关。可见"无话可说"的逼人了。

"无话可说"就是缺乏材料。中学生作文难之中，第一是学识不足，第二是缺乏材料，第三是经验不足，其实这三样都是"无话可说"的根源。

缺乏材料的文章，必定内容空虚，言之无物，绝不会有优美的作品产生。中学生平日对于材料的搜集、写作的修养，都太欠功夫。而一般国文教师，又大都只教学生作文方法，这好比叫青蛙在陆地上游泳一样，没有水哪里能游泳？

思想、经验、观察、学识，都是作文的主要材料，我们将要分别论之。

二、文人搜集材料的苦心

著名的文人，都是不惜以悠长的岁月、全副的精神，从事于材料的搜集。下面都是文人搜集材料的故事：

晋朝文人左思作《齐都赋》，一年方成。作《三都赋》时，构思十年，方才脱稿。在写作期间，凡门庭藩溷，皆置纸笔，偶得一句，立刻写下。他这样用心，无怪文成之日，富豪之家，竞相传写，一时洛阳为之纸贵了。

唐代诗人李长吉曾骑驴寻诗。每天早晨，骑着一匹瘦驴，命书童背着锦囊，跟在后面。每逢得一诗句，立刻写下来，投到囊里。到晚上回家时，取出整理一下，便成诗一束。

施耐庵写《水浒传》，其中梁山泊一百零八个好汉的面目，都先画出来，张贴在壁间，朝夕凝思。经过这一番研究和观察的功夫，所以《水浒传》里的人物，都有他们的个性，毫不模糊。

蒲松龄写《聊斋志异》以前，喜欢坐在道旁，遇见人就请他坐下吃茶抽烟，并且讲一个鬼怪的故事。他用这种方法搜集材料，后来整理一番，成功了这本《聊斋志异》。

苏东坡被贬黄州的时候，也喜欢找人谈鬼怪事。人说没有，他便说："姑妄言之。"他把所听到的鬼怪故事，做写文章的材料。

外国的作家，也有许多搜集材料的故事：

美国作家辛克莱，在写作之前，必定到外面去访问必要的地方，阅读必要的文件，搜集必要的材料。丹麦作家易卜生写剧本的时候，不但研究所要写的角色，并且要研究到角色的祖先。福楼拜的名著《圣安东的诱惑》，费了二十年的预备工夫。杜伦的名著《哲学的故事》，费了十一年的时间搜集材料，用三年的时间写成。

搜集材料，固然要靠平日的注意，但有时为了应付临时的需要，可以做一次特别的工作。例如法国作家左拉，为了描写妓女的生活，自己特地跑到巴黎下层社会里去鬼混了些日子。文西为了研究人死时的表情，自己跑到法场去看犯人杀头。

莫泊桑是短篇小说之王。少年时跟福楼拜研究文学。老师命他到街头写一百个车夫的姿势。莫氏就特地坐在路旁观察各车夫的特点，然后才满意地交了卷。

三、搜集材料的工具

有几种工具是搜集材料时很有帮助的，写在下面：

（一）用脑子思索——在动笔写作之前，要先思索一番，想想如何开头，如何结尾，中间写些什么，然后才有完整的作品。我曾引过王勃属文时酣饮而卧的故事。其实他在酣饮之后，引被覆面卧的时候，正是他聚精会神从事思索的时候。如果我们以为他睡觉了，那真是受了他的欺骗。

哲人尼采在写作之前，总是先到外面散步，为的要在清静的地方做思索的工夫。

有时我们要将思索心得写下来保存，以备应用。否则往往到用时，就忘记得无影无踪了。

（二）用眼睛观察——据心理学家的研究，吾人一生的知识至少有百分之七十五是由视察得来的。眼睛对于作文有最大的帮助。记叙事物，必须靠观察；抒写情景，也必须靠观察。

古人常说文人要多游名山大川，开张自己的胸襟，这就是说要多多观察。观察得多，作文就不枯窘；观察得精，作文就不肤浅。前面所说的李长吉、左拉、莫泊桑等人的故事，都是写好文章必须有精密的观察的证明。

（三）用耳朵去听——用耳朵去听取材料，对于作文也是很有帮助。中国古人说好文章要写得"有声有色"。有色是靠眼睛，有声是靠耳朵。天地间森罗万象，有时要用眼看，有时要用耳听。譬如欧阳修的《秋声赋》：

欧阳子方夜读书，闻有声自西南来者，悚然而听之，曰："异哉！"初淅沥以萧飒，忽奔腾而砰湃，如波涛夜惊，风雨骤至。其触于物也，铮铮铮铮，金铁皆鸣；又如赴敌之兵，衔枚疾走，不闻号令，但闻人马之行声。……

这种描写完全是靠耳朵的。其他像白居易的《琵琶行》，几乎完全是声音的描写。

（四）用口多读——书籍是前人经验的记录，是搜集材料的捷径。每个有名的作家，都是读破万卷书的；不学无术的人，不会产生优美的作品。杜甫有句话说："读书破万卷，下笔如有神。"俗话说："熟读唐诗三百首，不会作诗也会吟。"新文学家孙伏园也说："书是前人经验的账簿，查阅起来，当然可以得到许多东西。"

古今有名的文章，你如果能多看多读，它的结构、它的作风、它的字句上的技巧以及思想的路径等，才能体会得到，对于你的作文才有很大的帮助。

用口多读虽笨拙，然而确是最有效的方法。世界上许多事物是用最拙笨的方法造出来的。一个人书读得多了，自然有丰富的材料，可以供你作文之用了。

（五）用手多写——人的记忆是靠不住的，所以我们眼睛观察得来、耳朵听取得来、脑子思索得来、书里阅读得来的一些有用的资材，必须用手抄录下来，以备遗忘。古今多少文人都在札记上下苦功夫。把眼睛看见、耳朵听见的资料，写成速写和日记，或是随意写在一张纸上，然后分类保存，这些都是文人的货色，像商人的栈房一样可贵。俄国文豪高尔基就是一个勤做札记的文人。契诃夫遇见风景人物，或特殊事件都记下来，写小说时翻开他的材料库来找需要的材料。革拉特珂夫把他平日的札记整理补充成为一篇《士敏土》。中国名著《日知录》《阅微草堂笔记》《读书杂志》等，都是札记的成绩。

想到了便写，听到了便写，看到了便写，这是练习作文的最好方法。也许你最初写不好，日子久了，自会写得好的。因为你的精神蓄藏已经丰富了。

四、想象也是材料的来源

以上五种——眼睛、耳朵、脑子、手和口都是供应作文材料的有力分子，除此以外，还有想象也是作文材料的主要来源。

作文固然要靠观察和经验，但是经验和观察有时是不完备的，必须用想象来补充。从知道的推想不知道的，从经验过的推想到没有经验过的，从观察过的推想到没有观察过的。这样，把不很完整的材料可以组织得更加完整。

夏丏尊先生曾有以下的话：

经验以外，犹有一个重大要素，就是想象。左拉虽然经验了酒肆的状况，但对于其小说中的女人们的淫荡是难有直接经验的。福楼拜虽尝试过砒霜的味道，但女主人公的临死的苦闷是无法尝到的。莎士比亚曾以一人描写过王侯、小民、恋爱、杀逆、见鬼、战争、嫉妒、重利盘剥、妖怪等等。被斥为专描写性欲的莫泊桑，一生中也未曾有过异常的好色经验。可知经验并不是文艺的唯一内容。文艺的本质是美的情感；情感固可缘经验而发生，亦可缘想象而发生。我们对着汪洋的海，固可起一种情感，但即使目前无海，仅唤起了海的想象时，也一样可得到一种情感的。艺术不是自然的复制，是一种创造。在这意义上，想象之重要，实过于经验。虽非直接经验，却能如直接经验一般描写着；虽是向壁虚造，却令人不觉其为向壁虚造，这才是文艺作家的本领。

（本文选入时有删减，部分文字有改动）

　　社会上因为有严密的组织，所以一切的事能够顺序进行，
否则就紊乱得不堪设想了。作文也是如此，必定先有组
织，否则就杂乱无章了。

文章的建筑图样

姜建邦

一、拟定写作大纲

写文章要像建筑楼房一样——先有一幅完美的建筑图样，然后照着这个图样开始工作，才有巍峨壮丽的屋宇建筑出来。

文章的建筑图样，就是写作大纲。这个大纲好像建筑楼房时的水泥钢骨的架子。楼的骨架先支架成了，然后以砖石门窗，粉饰油漆，楼房自然会又完整又美丽。

有一位先生教学生作文，问学生说："你们作文是先想好然后写呢，还是先写了然后想呢？是一面写一面想呢，还是一面想一面写呢？"

于是，有一个学生回答说："我是先想好了然后写。"

"先想好了"就是先拟定了文章的建筑图样。"先想好了然后写"才是作文的正常方法。

文章的建筑图样，就是写作人有一个中心思想，然后依照这个中心思想按照程序发挥出来。这个发挥的法子，古人叫作"布局"，今人叫作"结构"。

做文章的人，应该先把结构想好，然后再提起笔来写。

结构的意义，就是组织。我们仔细想想，生活里许多事都是有组织的，例如：全国分若干省，一省分若干县，一县又分若干乡镇保甲；一年分四季，一季分三月，每月三十日，每日二十四小时，每小时六十分，每分六十秒，周而复始，有条不紊；军队里有师、团、营、连、队、伍的编排。社会上因为有严密的组织，所以一切的事能够顺序进行，否则就紊乱得不堪设想了。作文也是如此，必定先有组织，否则就杂乱无章了。

写文章的第一步是寻找适当的材料，第二步就是把这些材料组织起来。

二、怎样组织文章的材料

为什么要把文章的材料加以组织呢？

第一，我们的思想是很紊乱的，很重复的，必须加以整理和裁减，才有次序。

第二，将材料加以整理和组织，才知道何处缺少，加以补充；何处过多，加以减裁。

第三，组织完善的文字，使读者一目了然、不费周折便能明白作文的意思，否则惝怳迷离，莫知所云。

第四，将大纲写好之后，便于写作。好像走路有了路线，不必东窜西撞，浪费时间和精力。

刘勰说："章总一义，须意穷而成体……体必鳞次。"（《文心雕龙·章句篇》）这里的"体必鳞次"就是说文章必须有一定的层次，不可混乱。要有层次，必先有组织；要有组织，必先有大纲。这是写文章不可缺少的功夫。

文章的结构有无形组织和有形组织两种。

无形的组织，就是所说的"腹稿"。许多人写文章之前，并不写大纲，但是文章写成总是有条不紊。这是因为他们先在腹中做了无形的纲要的缘故。腹稿一旦成了，执笔直书，"则一篇成矣"。

有形的组织，就是在一张纸上先拟就一个大纲。写文的大纲要详细而周密，段落要清楚，有了这样的一个大纲之后，你的写作的一半，已经完成了。例如本章"文章的建筑图样"在动笔以前，我便先拟了下面的一个大纲：

（一）导言

（1）写文章和建筑楼房的比喻

（2）先想好了要引的故事

（二）结构的意义——组织

（1）国家组织的比喻

（2）时间组织的比喻

（3）写文章第一步找材料，第二步是组织材料

（三）为什么要把材料加以组织呢？

（1）因为思想是杂乱无章的

（2）组织之后能知道增加减裁之处

（3）组织之后便于写作

（4）有组织的文字容易了解

（四）写作的两种组织

（1）无形的组织——腹稿

（2）有形的组织——大纲（以本章大纲为例）

（五）组织的方法

（1）扩展——由小而大

（2）减裁——由大而小

（3）排次——（甲）渐进法；（乙）起伏法

（六）文章组织应当注意的三件事

（1）统一

（2）平均

（3）联络

（七）结语

有了这样的一个纲要，便可以顺序写作了，可以避免重复、紊乱和随想随写所发生的许多困难。

怎样把已有的材料加以组织呢？这个问题可分下列三点：

（一）扩展——有些题目范围很小，没有多少材料可写。

要写得好，必须将题目仔细分析，详细观察，好像用一个桃核刻一个苏子游赤壁的风景一样细微。例如"一个同学的笔下肖像"，这个题目的材料不过只一个面庞，你必须前后、左右、上下仔细地观察刻画，才能写得逼真，否则草草成文，必定空洞乏味。

（二）减裁——有些题目材料过多，如果都采用进来，不但无味，反而夺去读者的注意中心，所以必须用大刀阔斧，加以减裁。去掉无用的材料，把有用的留下。例如"记胜利年的国庆日"一题，如果把那天所看见、所听见的事，都一一记下来，恐怕可以写成一本巨著。其实不需要事事都记下来的，只要把你所认为最有意义的几件事记下来就够了。

（三）排次——有些材料需要排列起来。排列的前后次序，对于读者有不同的影响。最有效的排法，有下列两种：

（1）渐入佳境法。把最好的意思列在第一，最差的列在第二，然后依次渐好，可以使读者愈读觉得文章愈好，发生津津有味的感觉。

A—1

E—2

D—3

C—4

B—5

（2）一起一伏法。把好意思和差的意思相间排列，也能维持读者的兴趣。

A—1

B—2

A—3

B—4

A—5

写文章最怕"一段不如一段"，这样读者读到末了，把前面的好意思也一起忘记，说是"无病呻吟"了。

在文章的组织上，除了要注意前面三种方法以外，还要注意三个原则：

（一）统一——统一就是前后一致的意思。文章的组织要全篇统一，前后的思想、文体和笔调，要始终保持着一贯，不可纷歧凌乱、前后悖反、自相矛盾。

"自然风景之所以美，就是美在统一。每一枚树叶，数十枝脉络都凑集在一根主脉上；每一株树，数十百枝柯都集中在本干上；山中的小溪，流水溅溅，都汇到谷底的涧中；凌乱的山峰，似乎并无秩序，但予以仔细考察，也可以发现这山脉的主脉所在。可知自然界的景物，都是很有统一性的。"

写文章也要这样，要百变不离中心思想，如百川汇海，脉脉皆通才好。

除了思想的统一之外，也要注意文字的统一和体裁的统一。不能前篇文言，后篇白话；前半清丽如"晓风残月"，后半雄壮如"大江东去"。

（二）平均——平均的意思就是文章的各部分要匀称。各部分的轻重要予以适当的分量。

造物的妙手，把宇宙间美丽的东西都造得很匀称。我们的身体是匀称的代表，两手两足，双耳双目，从头顶到脚跟，左右完全相等。写文章也当如此匀称，如果左重右轻，或是虎头蛇尾，便会使读者感到不愉快的。中国著名文人韩愈的《送孟东野序》和苏轼的《潮州韩文公庙碑》虽然都是绝世妙文，后人尚且讥笑为"龙头蛇尾"，因为这两篇文章的开始和结尾极不相称。

一个人如果头大身小，便是畸形；一个农夫若是穿着西装耕田，便是笑话。一篇文章的不匀称也是同样的可笑。

（三）联络——文章的联络就是句和句、段和段，彼此呼应，前后衔接。如果前后不连贯，忽东忽西，上气不接下气，那便是有毛病的文章。

结语：文章的组织大纲，好像建筑楼房的钢骨架，又好像一个建筑物的图样。这种图样和架子就决定了楼房的式样，也是建筑时的依据。如果一篇文章的组织是凌乱、颠倒、割裂、分散的，那一定是失败的。所以在开始写作时，先要详密地思考一番，写出一个周密的大纲，在统一、平均、联络三个原则下，再正式下笔。

　　培养作文兴趣的第一个方法是：开始练习写作，努力越过
一个极无味极艰难的阶段，你便走到对写作有兴趣的路上
了。记住：兴趣是从实地工作里产生的。

写作的修养

姜建邦

学生作文的困难之一是"没有写作的兴趣"。这一点固然教师应当担负一部分的责任，例如，所出的题目不合学生的心意，或是在青年所有的经验之外，以致使他们对作文抱着"望之生畏"的态度。但是，学生也要担负一部分的责任，有时兴趣是给你自己消灭了。更进一步说，你所以对作文没有兴趣，也许因为你没有培养你的兴趣。

一、培养你的写作兴趣

怎样培养你的写作兴趣呢？下面的几点，对于你很有帮助：

（一）兴趣是从实际的工作产生的——普通人最感觉兴趣的事是他最熟习的事，换句话说，他会做、做得比别人好的事情，就感觉着有趣味。反之，就觉得索然无味。例如，一个人打乒乓球打得很精彩，他自然对打乒乓球特别有趣味。但是在他还没有练习到精彩的地步的时候，也许不感觉有兴趣，如果能忍耐地练习下去，直练到超越别人的时候，他就兴致淋漓了。

我们练习作文，开始的时候，感觉没有兴趣，不是作文本身没有趣味，是因为我们还没有把写作的兴趣培养起来。如果你能忍耐地、不间断地练习，等到你写作的能力比较健全的时候——尤其是你的作文比别人精彩的时候，你就觉得作文有兴趣了。

培养作文兴趣的第一个方法是：开始练习写作，努力越过一个极无味极艰难的阶段，你便走到对写作有兴趣的路上了。记住：兴趣是从实地工作里产生的。

（二）写作的兴趣常是由阅读引起的——我们对熟习的事常是多有兴趣，所以一个人书报阅读得多了，会对写作发生兴趣。许多文人都说他们少年时喜欢看书。冰心女士的故事，已经引述过了，现在再看王统照的自白：

> 记得我最早学看小说是在十岁的那年……家中找不到这类的书，便托人借看，以满足幼稚的好奇心。那时给我家经管田地事务的张老先生的大儿子对我说，他有一部全的《封神榜》，我十分美慕，连忙催他回家取来……从此……早饭时从书房回来，下午散学，晚饭以

前，都是熟读这部新鲜书的时候。再过一年，便看到一部小字铅印的《今古奇观》……

（见《王统照选集·我读小说与写小说的经过》）

我们培养写作兴趣的第二种方法是：多多阅读新旧的书籍，读得多了，便会引出写作的兴趣来。

（三）常和喜欢写作的人来往谈话，会增进你的写作兴趣——我们的许多活动，是受了刺激以后的反应。我们多和朋友来往，就获得许多刺激，所生的反应，往往是有益的。

我有一次到一位大学的教授家里去，看见他的书房里四壁都是图书。这位教授并且说，他的钱除了维持最低的生活费用以外，都用在买书上，甚至衣服都不肯添件新的。我听了他的话，又看见他那朴素的服装，就立志以后也努力节省用钱，可以多买些书籍。这种模仿心就是一个刺激的反应。

我们如果常和喜欢写作的师友往来，他的谈话，他的稿件，他的成绩，都会刺激我们写作的兴趣。

有一次，我到一位朋友家里，看见他的书桌上放着一本剪贴簿，里面都是他平日在报纸副刊和杂志上发表过的文字，剪贴起了，成了厚厚的一册。我回来以后，也照样地把自己的作品剪贴起来，并且勉励自己要更多地写些文章。这就是和喜欢写作的人往来所引起的兴趣。

多和喜欢写作的人往来，他们会给我们些刺激，可以培养我们写作的兴趣。这是第三个方法。

（四）有写作的志愿，就有写作的兴趣——如果你有一个写作的志愿，那么你就有了写作的兴趣。法国文人雨果，从小就嗜好文学，他十四岁的那年在练习簿上写道："不做夏多布里昂，誓不为人。"夏多布里昂是当时的一位著名文人。雨果在这一次立志之后，对文学便更加有兴趣了。

曾国藩很注意少年人的立志，他写信给他儿子说："天下事无所为而成者极少。有所贪有所利而成者居其半。有所激有所逼而成者又居其半。"

培养写作兴趣的第四个方法是，鞭策自己，立定志愿要学习写作，那么你的兴趣便会油然而生。

二、写作需要天才还是需要努力

天才是什么东西？我认为天才就是一个人的潜在能力得到了充分的发展，天才并不是什么神秘的东西。

我们每一个人都有潜在的能力，好像一个花苞，得到适当的滋润和日光，没有害虫和小鸟的毁坏，它自然会开出一朵肥美硕大的花儿。这有什么神秘呢？

多少人的潜在能力未能充分地发展，好像一个花苞，外面有了一层包围的东西一样，结果埋没一生，说是没有天才。这岂不是冤枉！我们每一个人都有天才，不过有人把它发展出来，有人把它埋藏罢了。

我们练习写作，要靠天才吗？

苏联文豪高尔基说："我的成功百分之八十是由于努力，百分之二十是由于天才。"可见努力比天才更为重要。

福楼拜说："才能即长久之忍耐。"宋人吕居仁说："作文必要悟入处，悟入必自工夫中来，非侥幸可得也。"这些都是努力比天才更加重要的证明。

天才不是神仙，他和我们一样的有皮肉、要吃穿，他也是社会里的一员。天才没有等级的差别，不过禀赋略有高低而已。然而这种禀赋的高低，并不影响将来成就的大小。例如发明家爱迪生幼时并不聪明，在同班里常常落后，小学教师甚至认他为低能儿，但是后来他却成了最大的发明家。小说家巴尔扎克做学生时常为了功课不好而受罚，教师评定他是智能低下。他最初作的一首史诗，粗笨的诗句引起全体师生的哄堂大笑。但是他并不自馁，仍旧努力学习，结果成了写实派最大的小说家。尚有许多贡献极伟大的人，后来我们说他是天才，但是小时人都以为他的智能低下。所以说，我们应当依靠努力，不可依赖天才。依赖努力而成功的人多，依赖天才的人必定失败。

三、怎样努力学习写作

一个人的成就既然是在于努力，那么对于作文要怎样努力学习呢？下面是几个很实际的方法：

（一）写日记——日记的价值很多，练习写文章也是它的价值之一。如果你能每天精心地记叙，每天便能写成一篇精美小品文，这种经常的练习，一面可以体味实际的人生，一面可以锻炼写作的技巧，很有帮助。

（二）办壁报——集体的生活表现，既有趣，又有益。集合志趣相同的朋友，办理一份手抄的刊物，彼此磨砺，互相观摩批评，可以给你一些鼓励。

（三）投稿——抱着勇敢的心，向报纸杂志投稿，一旦你的文章被铅印出来，你的快乐是不能形容的。这样可以使你更起劲地写作，并且使你走上真正的写作之路。

（四）翻译——在学生时期，学习翻译对于作文的修辞造句、表现的技巧上很有裨益。不妨把你所读的英文故事论文作为翻译材料，尝试一下，试试看是一切成功的第一步。

四、精益求精

练习作文要精益求精，没有一个人的文章，能说是好到极点。艺术的作品，是无限地可以发展，你不当对自己的作品认为满意，要谦虚地学习，再学习。在学习的时候，注意以下的劝告，下面是一位颇有经验的文人所说的：

要作文，除了多看生活的写实外，还应当读一些理论书。

要避免思想上的纷乱，便应读论理学。

要纠正造句上的错误，便应读文法。

要讲求用字的适当，便应读文字学。

要考究文字的纤美，便应读修辞学。

要探讨人生的究竟，便应读哲学。

要理解社会的变迁和目前社会的问题，便应读历史和其他社会科学。

要懂各种心理状况，便应读心理学。

要训练写作技巧，增加语汇，吸收辞藻，学习描写，要多读古今中外的文学作品。

　　不要把写作看得很神秘。主要的，是要有一定的努力、
一定的文字技巧，和一定的生活经历。而生活的经历越
丰富，文学的成就也就可能越高。

写作漫谈

孙犁

　　我感觉：给同学们作报告，它的作用并不能像你们所称许的那样大。过去，我也对同学们讲过几次，觉得讲不好，后来就很少讲。这次，我已经说过，你们不要希望太大，我们只是随便谈谈，就我所知道的谈谈。

　　根据你们提出的问题，今天，我主要谈的是中学时期学习写东西，应该怎样写，应该抱什么态度。并且，按照你们的要求，也谈谈我在中学的时候，是怎样学习写作的。这样谈，我希望对你们会亲切一点，也希望对你们有些帮助。虽然，关于我自己实在并没有什么好谈的。

　　在中学时期学习写东西，容易发生两种情况：一种是感觉作文很容易，另一种是感觉太困难。感觉容易，对于写作这一种劳动，就不能充分地理解，不能切实努力地去做。感觉这工作太困难，对于一些作家、作品，也就只能产生好奇的看法，感觉一个作家的身份很高、很神秘，是个了不起的人物。其不能正确地理解写作这一劳动，和上面一种是相同的。在青年时期，容易产生这两种态度，也是必然的。我不是批评你们，但是我感觉这种态度可以改正。这种态度，不只是对于文学工作不利，对于观察、评定一切事物、一切的人，从事任何的工作，都是不正确的、有妨碍的，不能获得成就的。

什么是文学工作？它的特点是什么？做这种工作要具备哪些条件？

文学工作必须具备的基本条件是：文字技术和生活基础。生活基础包括政治认识。在中学时期，我认为首先应该学习掌握祖国语言文字的规律，在中学时期应该打下文字技术的基础，初步认识语言文字创作的法则，积累生活。革命的生活的修养，当然也是重要的，但生活，主要是靠我们毕业以后在工作中去积累。中学时期也可以积累一些生活，而且我们的童年的体验，将会是创作中宝贵的积蓄。但是，这样讲还是抽象的。我觉得，要想把文章作好，起码的条件是要爱好文学，喜欢文学作品。我在中学的时候，我忘记了是什么原因，我很喜欢文学，在许多课程中，特别喜欢国文这一课，当然偏重一门功课是很不好的。这也许是当我考上中学，第一次作文时，老师鼓励了我，因此，使我觉得国文老师特别可亲，认为应该把文章作好，才不辜负老师对我的鼓励。每次作文之前，我总是想好两三个腹稿，老师出了题目，常常有一个题目和我想好的故事内容相符合。一篇故事的题目是好安上的，这个方法很有效果。我们的学校有校刊，后面有文艺栏，经常登些学生的作文。我有些作品也被选登在校刊上，这对我是很大的鼓励。中学时期，适当的鼓励大概是很重要的。你们学校里如果有刊物，对你们的作文一定有很大的帮助。

在中学的时候，我读了一些文学书籍，慢慢地我有个朦胧的理想，希望将来能卖文为生。说得冠冕一点，就是当一个作家。中学毕业以后，因为境遇不好，我没有升学，就抱着那个目的到北京了。我住在石驸马大街的一个小公寓里，所过的生活，形式上颇类似一个作家。我也给报纸投稿。那时北京有《世界日报》《晨报》，天津有《大公报》《益世报》等。我开始是写诗和小说，但很长的时间，一篇也没有被采用刊登，我觉得不行，才改变方针，找到一个职业。但我并没有完全失望，还是继续买书看书，我想，创作困难，理论还许容易些，我看了不少文艺理论和社会科学的书籍。那时，左联正对胡秋原、苏汶等论战，我当时站在左翼的立场，也写了自己觉得很尖锐、实际上只有一个左的面貌的文章。这些东西也没有被选用。不久我又后退一步，开始写电影评介、新书评介，哪里开展览会、游艺会，我就买门票参观，回来就写介绍。报纸大概需要这样的东西，竟然被选登了几篇。

抗战以前，我对文学工作虽然抱了那么大的希望，但得到的成绩就是这样，这一定使你们大失所望了。

如果你们认为我也是一个作家，我发表文章，是从抗日战争以后开始的。开始我是编辑刊物、教书，一九四一年我在晋察冀边区以记者的身份出去，才开始创作。因为抗战以后，我的生活才开始丰富，我的认识、我的思想和感情才开始提高，才有了写东西的一点儿本钱，作品才能得到发表。

　　我感到需要说明的就是：你们在上中学的时候，应该努力打好文字的基础，一旦和生活结合起来，就能够写出一些东西。

　　虽然我个人的经历不足为训，但是从这里你们也可以知道即便是微小的成绩，也不是轻而易举就可以得到的。

　　其次，我们也不要把写作看成多么了不起超凡出众的事。当然，作家里有很多了不起的人物，但并不是每个人都是英雄的化身。不要把写作看得很神秘。主要的，是要有一定的努力、一定的文字技巧，和一定的生活经历。而生活的经历越丰富，文学的成就也就可能越高。你们现在是学习阶段，你们的成绩，和老师对你们的鼓励和帮助有关。

　　你们所提到的《白洋淀边一次小斗争》这篇文章，我记得是我到延安以后写出来的，比写《荷花淀》略早一些。在中学课本选用了它，但我一直没有看到，所以有些情节已经记得不很真切了。

　　有人问，那篇作品中的情节是不是完全真实、我亲身经历的。那篇文章的具体情节并不完全是真实的，那篇文章中的我，也不真是我自己。但那种艰苦生活，譬如两条腿在泥里拔来拔去，甚至比这个更艰苦的生活，我是经历了的。文章里边的生活基础，我是有的。但是关于那一次的斗争的描写，中间有很多想象。但也并非完全虚构，因为类似这样的斗争，这样的人物，我见过很多。这不能机械地理解，不能认为是真的，就伟大，是虚构的，就毫无价值。当然作家最好就是他作品中的那个英雄，这样同学们才最有兴味。但既然不是这样，也只好照实说，不怕使你们失望了。

白洋淀那些渔民的生活我经历过一些，至于说到这篇作品是从正面取材呢，还是从侧面取材，这就很难说了。我觉得这篇东西的取材还是正面的。（我的说法也可能和你们老师的说法有些出入，这也没有什么关系。）在叙述上也没有什么奥妙的地方。一位教师同志曾给我打电话说："你的文章的写法很好，文章一开始用插叙，用对话，然后引出人物……"在写作的时候，我确实并没有想到这些。一般的，写一篇短文章，我是不大考虑这些方法问题的。实际过程是这样：我想写一篇白洋淀的故事，首先出现的鲜明印象，就是那个女孩子从苇垛上站立起来的姿势。但这一形象是放在文章的最后面了。我不能一开始就叫她跳起来，因为那就没有故事了。我要从别的人物别的生活写起。从老头子写到他的鱼鹰，从鱼鹰写到鸡，鸡钻进苇垛，引出那个女孩子来。这些联想是很快很自然地发生的。这些联想是由生活的积累决定的。你们在写文章时感到很困难，感到没话可说，或是只能喊口号，那是因为你们的生活还不够丰富，不能由一点儿东西联想到许多东西，不能触类旁通。我想，你们现在写文章遇到一些困难，不要害怕。因为你们还没有很多的准备。将来你们的生活丰富了，"仓库"里储藏了很多东西，就可以开始写东西了。

一九五四年八月九日

（本文选入时有删减）

　　"大匠能诲人以规矩，不能使人巧。"知道文章作法，不
一定就作出好文章。艺术的基本原则是寓变化于整齐，整
齐易说，变化则全靠心灵的妙运，这是所谓"神而明之，
存乎其人"了。

选择与安排

朱光潜

在作文运思时，最重要而且最艰苦的工作不在搜寻材料，而在有了材料之后，将它们加以选择与安排，这就等于说，给它们一个完整有生命的形式。材料只是生糙的钢铁，选择与安排才显出艺术的锤炼刻画。就生糙的材料说，世间可想到可说出的话在大体上都已经从前人想过说过；然而后来人却不能因此就不去想不去说，因为每个人有他的特殊的生活情境与经验，所想所说的虽大体上仍是那样的话，而想与说的方式却各不相同。变迁了形式，就变迁了内容。所以他所想所说尽管在表面上是老生常谈，而实际上却可以是一种新鲜的作品，如果选择与安排给了它一个新的形式，新的生命。"袅袅兮秋风，洞庭波兮木叶下"，在大体上和"菡萏香销翠叶残，西风愁起绿波间"表现同样的情致，而各有各的佳妙处，所以我们不能说后者对于前者是重复或是抄袭。莎士比亚写过夏洛克以后，许多作家接着写过同样典型的守财奴（莫里哀的阿巴贡和巴尔扎克的葛朗台是著例），也还是一样入情入理。材料尽管大致相同，每个作家有他的不同的选择与安排，这就是说，有他的独到的艺术手腕，所以仍可以有他的特殊的艺术成就。

最好的文章，像英国小说家斯威夫特所说的，须用"最好的字句在最好的层次"。找最好的字句要靠选择，找最好的层次要靠安排。其实这两桩工作在人生各方面都很重要，立身处世到处都用得着，一切成功和失败的枢纽都在此。在战争中我常注意用兵，觉得它和作文的诀窍完全相同。善将兵的人都知道兵在精不在多。精兵一人可以抵得许多人用，疲癃残疾的和没有训练、没有纪律的兵愈多愈不易调动，反而成为累赘或障碍。一篇文章中每一个意思或字句就是一个兵，你在调用之前，须加一番检阅，不能作战的，须一律淘汰，只留下精锐，让他们各站各的岗位，各发挥各的效能。排定岗位就是摆阵势，在文章上叫作"布局"。在调兵布阵时，步、骑、炮、工、辎须有联络照顾，将、校、尉、士、卒须按部就班，全战线的中坚与侧翼，前锋与后备，尤须有条不紊。虽是精锐，如果摆布不周密，纪律不严明，那也就成为乌合之众，打不来胜仗。文章的布局也就是一种阵势，每一段就是一个队伍，摆在最得力的地位才可以发生最大的效用。

文章的通病就不外两种：不知选择和不知安排。第一步是选择。斯蒂文森说：文学是"剪裁的艺术"。剪裁就是选择的消极方面。有选择就必有排弃，有割爱。在兴酣采烈时，我们往往觉得自己所想到的意思样样都好，尤其是费过苦心得来的，要把它一笔勾销，似未免可惜。所以割爱是大难事，它需要客观的冷静，尤其需要谨严的自我批评。不知选择大半由于思想的懒惰和虚荣心所生的错觉。遇到一个题目来，不肯朝深一层想，只浮光掠影地凑合一些实在是肤浅陈腐而自以为新奇的意思，就把它们和盘托出。我常看大学生的论文，把一个题目所有的话都一五一十地说出来，每一点都约略提及，可是没有一点说得透彻，甚至前后重复或自相矛盾。如果有几个人同做一个题目，说的话和那话说出来的形式都大半彼此相同，看起来只觉得"天下老鸦一般黑"。这种文章如何能说服读者或感动读者？这里我们可以再就用兵打比譬，用兵制胜的要诀在占领要塞，击破主力。要塞既下，主力既破，其余一切就望风披靡，不攻自下。古人所以有"射人先射马，擒贼先擒王"的说法。如果虚耗兵力于无战略性的地点，等到自己的实力消耗尽了，敌人的要塞和主力还屹然未动，那还能希望打什么胜仗？做文章不能切中要害，错误正与此相同。在艺术和在自然一样，最有效的方式常是最经济的方式，浪费不仅是亏损而且也是伤害。与其用有限的力量于十件事上而不能把任何一件事做得好，不如以同样的力量集中在一件事上，把它做得斩钉截铁。做文章也是如此。世间没有说得完的话，你想把它说完，只见得你愚蠢；你没有理由可说人人都说的话，除非你比旁人说得好，而这却不是把所有的话都说完所能办到的。每篇文章必有一个主旨，你须把着重点完全摆在这主旨上，在这上面鞭辟入里，烘染尽致，使你所写的事理情态成一个世界，突出于其他一切世界之上，像浮雕突出于石面一样。读者看到，马上就可以得到一个强有力的印象，不由得他不受说服和感动。这就是选择，这就是攻坚破锐。

我们最好拿戏剧、小说来说明选择的道理。戏剧和小说都描写人和事。人和事的错综关系向来极繁复，一个人和许多人有因缘，一件事和许多事有联络，如果把这些关系辗转追溯下去，可以推演到无穷。一部戏剧或小说只在这无穷的人事关系中割出一个片段来，使它成为一个独立自足的世界，许多在其他方面虽有关系而在所写的一方面无大关系的事事物物，都须斩断撇开。我们在谈劫生辰纲的好汉，生辰纲所要送到的那个豪贵场合也许值得描写，而我们却不能去管。谁不想知道哈姆雷特在威登堡的留学生活，但是我们现在只谈他的家庭悲剧，时间和空间的限制都不许我们搬到威登堡去看一看。再就划定的小范围来说，一部小说或戏剧须取一个主要角色或主要故事做中心，其余的人物故事穿插，须能烘托这主角的性格或理清这主要故事的线索，适可而止，多插一个人或一件事就显得臃肿繁芜。再就一个角色或一个故事的细节来说，那是数不尽的，你必须有选择，而选择某一个细节，必须有典型性，选了它其余无数细节就都可不言而喻。悭吝人到处悭吝，吴敬梓在《儒林外史》里写严监生，只挑选他临死时看见油灯里有两茎灯芯不闭眼一事。《红楼梦》对于妙玉着笔墨最少，而她那一副既冷僻而又不忘情的心理却令我们一见不忘。刘姥姥吃过的茶杯她叫人掷去，却将自己用的绿玉斗斟茶给宝玉；宝玉做寿，众姊妹闹得欢天喜地，她一人枯坐参禅，却暗地递一张粉红笺的贺帖。寥寥数笔，把一个性格，一种情境，写得活灵活现。在这些地方多加玩索，我们就可悟出选择的道理。

选择之外，第二件要事就是安排，就是摆阵势。兵家有所谓"常山蛇阵"，它的特点是"击首则尾应，击尾则首应，击腹则首尾俱应"。亚里士多德在《诗学》里论戏剧结构说它要完整，于是替"完整"一词下了一个貌似平凡而实则精深的定义："我所谓完整是指一件事物有头，有中段，有尾。头无须有任何事物在前面笼盖着，而后面却必须有事物承接着。中段要前面既有事物笼盖着，后面又有事物承接着。尾须有事物在前面笼盖着，却不须有事物在后面承接着。"这与"常山蛇阵"的定义其实是一样。用近代语言来说，一个艺术品必须为完整的有机体，必须是一件有生命的东西。有生命的东西第一须有头有尾有中段，第二是头尾和中段各在必然的地位，第三是有一股生气贯注于全体，某一部分受影响，其余各部分不能麻木不仁。一个好的阵形应如此，一篇好的文章布局也应如此。一段话如果丢去仍于全文无害，那段话就是赘疣；一段话如果搬动位置仍于全文无害，那篇文章的布局就欠斟酌。布局愈松懈，文章的活力就愈薄弱。

从前中国文人讲文章义法，常把布局当作呆板的形式来谈，例如全篇局势须有起承转合，脉络须有起伏呼应，声调须有抑扬顿挫，命意须有正反侧，如作字画，有阴阳向背。这些话固然也有它们的道理，不过它们是由分析作品得来的，离开作品而空谈义法，就不免等于纸上谈兵。我们想懂得布局的诀窍，最好是自己分析完美的作品；同时，自己在写作时，多费苦心衡量斟酌。最好的分析材料是西方戏剧杰作，因为它们的结构通常都极严密。习作戏剧也是学布局的最好方法，因为戏剧须把动作表现于有限时间与有限空间之中，如果起伏呼应不紧凑，就不能集中观众的兴趣，产生紧张的情绪。我国史部要籍如《左传》《史记》之类在布局上大半也特别讲究，值得细心体会。一篇完美的作品，如果细细分析，在结构上必具备下面的两个要件：

第一是层次清楚。文学像德国学者莱辛所说的，因为用在时间上承续的词语为媒介，是沿着一条线绵延下去。如果同时有许多事态线索，我们不能把它们同时摆在一个平面上，如同图画上许多事物平列并存；我们必须把它们在时间上分先后，说完一点，再接着说另一点，如此生发下去。这许多要说的话，谁说在先，谁说在后，须有一个层次。层次清楚，才有上文所说的头尾和中段，文章起头最难，因为起头是选定出发点，以后层出不穷的意思都由这出发点顺次生发出来，如幼芽生发出根干枝叶。文章只有生发才能成为完整的有机体。所谓"生发"是上文意思生发下文意思，上文有所生发，下文才有所承接。文章的"不通"有多种，最厉害的是上气不接下气，上段上句的意思没有交代清楚就搁起，下段下句的意思没有伏根就突然出现。顺着意思的自然生发脉络必有衔接，不致有脱节断气的毛病，而且意思可以融贯，不致有前后矛盾的毛病。打自己耳光，是文章最大的弱点。章实斋在韩退之《送孟东野序》里挑出过一个很好的例。上文说"大凡物不得其平则鸣"，下文接着说"伊尹鸣商，周公鸣周"，伊尹、周公并非不得其平。这是自相矛盾，下文意思不是从上文意思很逻辑地生发出来。意思互相生发，就能互相呼应，也就能以类相聚，不相杂乱。杂乱有两种：一是应该在前一段说的话遗漏着不说，到后来一段不很相称的地方勉强插进去；一是在上文已说过的话，到下文再重复说一遍。这些毛病的根由都在思想疏懈。思想如果谨严，条理自然缜密。

第二是轻重分明。文章不仅要分层次，尤其要分轻重。轻重犹如图画的阴阳光影：一则可以避免单调，起抑扬顿挫之致；二则轻重相形，重者愈显得重，可以产生较强烈的效果。一部戏剧或小说的人物和故事如果不分宾主，群龙无首，必定显得零乱芜杂。一篇说理文如果有五六层意思都平铺并重，它一定平滑无力，不能说服读者。艺术的特征是完整，完与整是相因的，整一才能完美。在许多意思并存时，想产生整一的印

170

象，它们必须轻重分明。文章无论长短，一篇须有一篇的主旨，一段须有一段的主旨。主旨是纲，由主旨生发出来的意思是目。纲必须能领目，目必须附丽于纲，尊卑就序，然后全体自能整一。"譬如北辰居其所而众星拱之"。一篇文章的主旨应有这种气象，众星也要分大小远近。主旨是着重点，有如照相投影的焦点，其余所有意思都附在周围，渐远渐淡。在文章中显出轻重通常不外两种办法：第一是在层次上显出。同是一个意思，摆的地位不同，所生的效果也就不同，不过我们不能指定某一地位是天然的着重点。起头有时可以成为着重点，因为它笼盖全篇，对读者可以生"先入为主"的效果；收尾通常不能不着重，虎头蛇尾是文章的大忌讳，作家往往一层深一层地掘下去，不断地引起读者的好奇心，使他不能不读到终了，到终了主旨才见分晓，故事才告结束，谜语才露谜底。中段承上启下，也可以成为着重点，戏剧的顶点大半落在中段，可以为证。一个地方能否成为着重点，全看作者渲染烘托的技巧如何，我们不能定出法则，但是可以从分析名著（尤其是叙事文）中探得几分消息。其次轻重可以在篇幅分量上显出。就普遍情形说，意思重要，篇幅应占多；意思不重要，篇幅应占少。这不仅是为着题旨醒豁，也是要在比例匀称上现出一点波澜节奏，如同图画上的阴阳。轻重倒置在任何艺术作品中都是毛病。不过这也不能一概而论，名手立论或叙事，往往在四面渲染烘托，到了主旨所在，有如画龙点睛反而轻描淡写地掠过去，不多着笔墨。

从前面的话看来，我们可以知道文章有一定的理，没有一定的法。所以我们只略谈原理，不像一般文法修辞书籍，在义法上多加剖析。"大匠能诲人以规矩，不能使人巧。"知道文章作法，不一定就作出好文章。艺术的基本原则是寓变化于整齐，整齐易说，变化则全靠心灵的妙运，这是所谓"神而明之，存乎其人"了。

Part 5

\-

跟着大师写出好作文——
实践是见证真理唯一标准

写作的技巧，其实并不是写作的技巧，

而是……删掉写得不好的地方的技巧。

对作家来说，写得少是这样的有害，

就跟医生缺乏诊病机会一样。

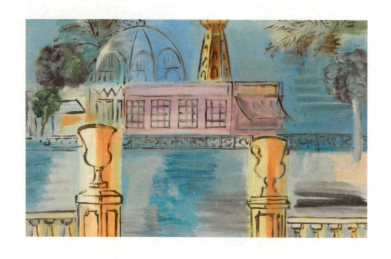

文章的好坏，与长短无关。文章要讲究气势的宽阔、意
思的深入，长短并无关系。长短要求其适度：性质需要
长篇大论者不宜过于简略；性质需要简单明了者不宜过
于累赘，如是而已。

作文的三个阶段

梁实秋

我们初学为文，一看题目，便觉一片空虚，搔首踟蹰，不知如何落笔。无论是以"人生于世……"来开始，或以"时代的巨轮……"来开始，都感觉文思枯涩难以为继，即或搜索枯肠，敷衍成篇，自己也觉得内容贫乏索然寡味。胡适之先生告诉过我们："有什么话，说什么话；话怎么说，就怎么说。"我们心中不免暗忖：本来无话可说，要我说些什么？有人认为这是腹笥太俭之过，疗治之方是多读书。"读万卷书，行万里路"，固然可以充实学问增广见闻，主要的还是有赖于思想的启发，否则纵然腹笥便便，搜章摘句，也不过是饾饤之学，不见得就能做到"文如春华，思若涌泉"的地步。想象不充，联想不快，分析不精，辞藻不富，这是造成文思不畅的主要原因。

度过枯涩的阶段，便又是一种境界。提起笔来，有个我在，"纵横正有凌云笔，俯仰随人亦可怜"。对于什么都有意见，而且触类旁通，波澜壮阔，有时一事未竟而枝节横生，有时逸出题外而莫知所届，有时旁征博引而轻重倒置，有时作翻案文章，有时竟至"骂题"，洋洋洒洒，拉拉杂杂，往好听里说是班固所谓的"下笔不能自休"。也许有人喜欢这种"长江大河一泻千里"式的文章，觉得里面有一股豪放恣肆的气魄。不过就作文的艺术而论，似乎尚大有改进的余地。

作文知道割爱，才是进入第三个阶段的征象。须知敝帚究竟不值珍视。不成熟的思想，不稳妥的意见，不切题的材料，不扼要的描写，不恰当的词字，通通要大刀阔斧地加以削删。芟除枝蔓之后，才能显着整洁而有精神，清楚而有姿态，简单而有力量。所谓"绚烂之极趋于平淡"，就是这种境界。

文章的好坏，与长短无关。文章要讲究气势的宽阔、意思的深入，长短并无关系。长短要求其适度：性质需要长篇大论者不宜过于简略；性质需要简单明了者不宜过于累赘，如是而已。所以文章之过长过短，不以字数计，应以其内容之需要为准。常听见人说，近代人的生活忙碌，时间特别宝贵，对于文学作品都喜欢短篇小说、独幕剧之类，也许有人是这样的。不过我们都知道，长篇小说还是有更多的人看的，多幕剧也有更大的观众。人很少忙得不能欣赏长篇作品，倒是冗长无谓的文字，哪怕只是一两页，恹恹无生气，也令人难以卒读。

文章的好坏与写作的快慢无关。顷刻之间成数千言，未必斐然可诵，吟得一个字，捻断数根须，亦未必字字珠玑。我们欣赏的是成品，不是过程。袁虎倚马草露布，"手不辍笔，俄得七纸"，固然资为美谈，究非常人规范。文不加点的人，也许是早有腹稿。我们为文还是应该刻意求工，千锤百炼，虽不必"掷地作金石声"，总要尽力洗除一切肤泛猥杂的毛病。

文章的好坏与年龄无关。姜愈老愈辣，但"辣手作文章"的人并不一定即是耆耇。头脑的成熟、艺术的造诣，与年龄时常不成正比。不过就一个人的发展过程而言，总要经过上面所说的三个阶段。

课堂作文是好的练功办法，练功是为了应用，而应用则不限定在功成之后，也不应等到功成之后。最好是一面练，一面用，课堂与广大的外界结合，那就可以事半而功倍了。

课堂作文的练功

张中行

作文是把经过自己构思、自己组织的话写为书面形式的一种活动，其范围远远超过课堂之内；这样扩大范围，练习的机会多，思想可以少拘束，因而对教和学都有好处。这样说，好像我是轻视甚至反对课堂作文的，其实并不然。事实是，课堂作文自有它的可取之处，我们不只可以利用它，而且应该好好地利用它。这样看，理由也很有一些。以下先说消极方面的。

（一）课堂作文是采用他人命题、自己成篇的形式，这种形式虽然像是违反自然，却有客观需要作为基础。人住在社会中，人与人有互相依存的关系，有些事，甲需要乙代做或乙需要甲代做，这代做的事之中显然也要包括作文。远在汉朝，辞赋大家司马相如写《长门赋》，换来黄金，应该说是由陈皇后命题的。同样，祢衡作《鹦鹉赋》，也不是自己的兴之所至。后代这类事就更多了，最集中的表现是科举考试及其准备，文题都是别人拟定的。应科举考试是作八股文，当然写不出有价值的东西；但我们总要承认，当年许多文人，如归有光和方苞，确是从这里学来技巧，受到锻炼。总之，他人命题、自己成篇的形式，无论从需要方面说还是从成果方面说，都未可厚非。

（二）一个不十全十美的办法总比没办法好。课堂作文不是十全十美的办法，但到目前为止，我们还想不出有什么更好的办法可以代替这种办法。作文，想来不是人的本性所需要，因而要练习就不能不规定个办法限制如何做，这结果就产生了课堂作文。不想作，任性而行就不会有练习的机会；针对此情况，所以命题，限期完篇，总是出于不得已。既然不得不如此，我们就没有理由不接受它。

课堂作文不可轻视，还有积极方面的理由。

（一）它是个很好的练功场所或办法。随着命题的千变万化，个人意趣的千变万化，在一两千字的狭小范围之内，文笔却可以受到各式各样的训练。题材，上天下地，外界己身，泰山沙粒，现实梦幻，无不可写。表达方式，记叙，说明，议论，描写，无不可用。其他如布局、措辞、层次、穿插等，也都有任笔锋驰骋的余地。这种扩大练习领域的好处，主要来自他人命题（假定命题是妥善的）；如果不用命题作文的方式，凭个人观感写，题材范围就会小得多。

（二）这个练功场所，从外表看，性质单调，都是照题发挥，首尾成篇；范围大小有定，每篇一两千字；像是相当死板。但是，只要能够练而见功，它就可以扩而充之，靠基本功应付各种情况。譬如说，推扩到实际，可以放大，写大部头著作，可以缩小，写备忘、便条等。这有如练武术，按部就班，一丝不苟，像是很板滞，及至练成，就可以相敌手之机而变化。

（三）课堂作文，效果高低，要由许多条件来决定。不过无论如何，我们总要承认，在培养写作能力方面，它总不至于毫无成效。就我个人说，小学、中学阶段，两周一次，坐冷板凳，面对黑板上的文题凝思，然后起草，抄清，交卷，当时确也感到是负担，可是后来想想，在思路的条理和表达的清晰方面，它多少总使我领悟到一点什么。我自信是消极应付混过来的，尚且有所得，其他人就可想而知了。

但我们也要承认，就实况说，课堂作文的效果还不像希望那样的好。这自然有不少作文课以外的原因，但课堂作文有待于改进总是事实。怎么改进呢？为了减少端绪，这里不说学制、师资、读书等问题，只谈作文。前面说扩大范围、解放思想有好处，课堂作文求改进，就是要化"拘"为"放"。所谓放，我的想法是这样。

（一）要时时记住，课堂作文是写作练功的场所，是"备用"，不是"应用"。这虽是认识方面的事，看不见，摸不着，却很重要，因为这样想，就可以：（1）扩大练习领域。比如坐科学京戏，演出是应用，在练习场所练功是备用；演出，你也许只扮诸葛亮，至于练功，你就既要能扮诸葛亮，又要能扮司马懿和王平，甚至老军和龙套。课堂作文也是这样，你既要练习写给朋友的信，又要练习写宣言和社论，纵使你毕业之后，永远用不着写宣言和社论。练习的花样多，笔下的技能就会得多，这是好处之一。（2）可以放胆写，不怕错。理由用不着多说，因为不是应用，家丑不致外传，提起笔就不必畏首畏尾。这有如学习书法，初学，可以淋漓奔放，及至有了基本功，求严整精练就比较容易。

用各种体裁练功，放开笔写，是初步。这阶段在写的方面像是有些乱，却应该有个单一的要求，是通顺，就是说，内容层次要清楚，言之成理；表达方面没有词汇、语法等错误。

（二）通顺之后，还要怎样练功呢？我的想法，可以试试向高难处发展。这好比练杂技，一定要在练习场上轻易地做好更高更难的动作，到演出场所才可以应付裕如。课堂作文的高难练习，可用的办法相当多，这里作为举例，只谈两个方面。

（1）可以于写法的变化中锻炼巧思。这方面的办法是数不尽的。同一个题目，可以练习用不同的写法写：比如一篇是扣紧题写，另一篇是离题写；记叙的题目，偏偏以议论为主，议论的题目，偏偏以记叙为主；等等。同理，记事的文章，可以一篇按时间顺序写，另一篇不按时间顺序写；说理的文章，一篇用赞同的态度写，另一篇用反对的态度写；等等。这样多练习，日久天长，就会领悟到，原来文无定法而笔下却可以有妙法的道理，如果说作文还有什么秘诀，这大概就是秘诀吧？

（2）还可以于写法的限制中锻炼巧思。昔人写作，有些花样近于文字游戏，要求在多种限制中仍能行所无事，巧胜天然。比较突出的如五言长律的联句，一人两句，第一句要是前一联的对句，第二句要是下一联的出句（就是既要受前一个人的束缚，又要给后一个人以束缚）；诗的次韵，凡是押韵的字都要与另一人的诗相同；还有所谓"白战"，作某种题材的诗，限定有些常用的字不许用；最离奇的还有八股文的"搭题"，比如题目既不是"学而时习之"，又不是"不亦说（悦）乎"，而是"时习之不亦"。这类士大夫的消闲之事是历史的糟粕，当然无价值可言，不过就其为一种练习写作的方法说，却仍然值得借鉴。这道理就是，高难的能够不费力地应付过去，到日常应用，需要写的都是没有限制的，自然就轻而易举了。课堂作文怎么利用这种办法呢？方式也多种多样。比如字数，大题可以要求不超过若干字，小题可以要求不少于若干字；某一题目，偏偏不许照常规写（如题目是"我的老师"，限定不写人）；一篇议论文，要求开头就提出结论；有些不妥当而常用的词语、句式，限定不许用；等等。自然，这类近于文字游戏的练习，要注意不可多用，尤其不可早用；还有，无论用什么方式，都要时刻记住，这是练功，至于应用，那是处理实务，是必须郑重其事，用最适当的方式写的。

最后提一下，课堂作文是好的练功办法，练功是为了应用，而应用则不限定在功成之后，也不应等到功成之后。最好是一面练，一面用，课堂与广大的外界结合，那就可以事半而功倍了。

（本文选入时有删减）

怎样才算修改的功夫用够了呢？改过的遍数多还并不就等于改得够。衡量够不够的标准我想有两个：一个是内容正确，一个是读者容易接受。

谈修改文章

何其芳

修改是写作的一个重要部分。古今中外，凡是文章写得好的人，大概都在修改上用过功夫。

马克思写《资本论》，从计划到草稿都经过了多年的和多次的修改。《资本论》第一卷写完后。他还要做一次文体上的修饰。他给恩格斯写信说："工作进行得极其快意，因为在经过许多产痛之后，恬静地舐着婴儿，自然感到乐趣。"德文本出第二版，马克思又改了一遍。对于法文译本，马克思为了使法国的读者容易了解，又做了许多修改。在文学家方面，托尔斯泰写《战争与和平》，据说改过七遍。他们写那样大的作品还改了又改，我们平常写短文章就更应当多加修改了。

普通所说的修改，是在文章写成以后。其实在文章写作以前，对于立意布局的反复推敲，对于写作提纲的再三斟酌，都带有"修改"的性质。这种下笔以前的修改是最要紧不过的了，正如盖房子首先要打好图样，作战首先要订好计划一样。要是这第一步功夫没有用够，写起来就常常会写不下去，或者勉强写下去了结果还是要不得。这种事先的构思或写提纲，一般人都是做得，但功夫却不一定都用得够。

中国过去有文不加点的说法，就是说有的人写文章不用涂改一个字。又有这样一个故事，说有一位文学家在写文章之前，总是把墨磨得很充足，然后钻到被子里去睡，睡了起来就挥笔写成，一字不改。这些说法如果是真的，我想一定是他们先就在脑子里修改好了的缘故。

我们现在写文章，倒也用不着一字一句都完全想好才下笔。现在的事物和我们对于事物的看法都比古代复杂，下笔以前多思索，多酝酿，仍常常只能完成一个图样，一个计划，还是需要下笔以后边写边改来充实，来修正，还是需要写完以后根据自己的审查和别人的意见来再三修改，来最后写定。这种写作过程中和全篇写好后的修改，一般人也都是做得。但功夫也不一定都用得够。

怎样才算修改的功夫用够了呢？改过的遍数多还并不就等于改得够。衡量够不够的标准我想有两个：一个是内容正确，一个是读者容易接受。毛主席在《反对党八股》中讲："文章是客观事物的反映，而事物是曲折复杂的，必须反复研究，才能反映恰当；在这里粗心大意，就是不懂得做文章的起码知识。"这是从根本上说明了文章要多改的理由，同时也就指出

186

了修改的目标。客观事物不是一下子就能够认识得清楚完全的，多一次修改就是多一次认识。表达我们的认识的文字也不是一下子就能够选择得适当，多一次修改，就是多一次选择。能否做到内容完全正确，自然要看我们的思想水平怎样；但如果我们采取谨慎态度去修改，自己多用脑筋，加上向别人请教，对每一个论点每一个看法都不随便放过，也就可以去掉或减少许多内容上的错误。内容正确，就具备了说服读者的基本条件。不过要读者容易接受，也还依靠好的表现形式。还得在布局上、逻辑上、修辞上再花些功夫，才能够使文章的每一句，每一段，一直到全篇，一下子打进读者的脑筋。能否做到表现形式很完美，自然要看我们的写作水平怎样；但如果我们采取替读者着想的态度去修改，总是想着我们所写的一般读者能不能完全了解，会不会相信赞成，是不是感到枯燥沉闷，也就可以去掉或减少许多表现形式上的缺点。

一般文章的毛病，根本成问题的大概不外乎观点错误、不合事实、教条主义、空洞无物等项。并不是整篇要不得，而是局部内容或表现形式有缺点、必须加以修改的却相当多。就我所能想到的缺点列举出来，就有这些：

一、抽象笼统，叙事不具体，说理不分析。

二、根据不足，就下断语。我要怎样说就怎样说，信不信由你。

三、强调一点，不加限制，反驳别人，易走极端，没有分寸，不够周密。

四、大家都知道的事情说得很多，以为只有自己知道别人不知道。

五、别人不知道的事情说得很少，以为自己知道别人也知道。

六、许多事情或问题，随便放在一起，没有中心，没有层次，逐段读时也还可以，读完以后一片模糊。

七、写好下句不管上句，写到后面不管前面。

八、信手写来，离题万里，偏又爱惜，舍不得割弃。

九、抄书太多，使人昏昏欲睡。

十、生造词头，乱用术语，疙里疙瘩，词不达意。

十一、没有吸取说话里面的单纯易懂、生动亲切等好处，只剩下说话里面的啰唆重复、马虎破碎等缺点。

十二、没有学到外国语法的精密，却摹仿翻译文字造长句子，想把天下的事情一口气说完，一直是逗点到底。

这是我们常写的叙事说理文章中的一些毛病。文艺作品还有别的特殊问题，这里不去说它。我们犯这些毛病，也并不完全由于我们的思想水平写作水平真正就这样低，而常常由于我们花心思花功夫不够，尊重读者体贴读者不够。

内容要正确，表现形式要恰当，都是为了读者。好文章不仅读者容易懂得、相信，并且要能够吸引读者，使读者能够得到提高、得到愉快。这个境界不易达到，但我们总应该努力把文章写得讲究一点。文章也是一种重要的革命工具，发表出来是要对群众负责的。因此，从写作以前到写完以后，从内容到形式，凡属可能做到的反复研究，充分修改，都大有必要。

一九四九年一月一日

（本文选入时有删减）

　　我们要制造写作空气，培养写作兴趣，集合一些爱好写作的朋友，常常讨论、互相修改，趁着年轻的时候，多学习、多碰钉子。

写作漫谈

冰心

　　写文章，我觉得可以从思想和技术二方面来谈，关于思想，因为每个人有每个人不同的环境，受不同的教育，生长在不同的家庭，所以，自然而然思想就不同了。至于技术，其实就是每个作家不同的作风，譬如，文章的有趣味，是老舍先生的作风，也就是他的技术；文章的有力量，是郭沫若先生的作风，也就是他的写作技术。

　　有人说，写文章完全靠个人的灵感，我觉得倒不一定如此，我常常觉得灵感是捉摸不定的，或者，大家所称的灵感，就是一个最初的写作动机。我记得我写《分》那篇文章的动机，是在医院生产的时候，医生对我说，许多孩子，出生在医院的时候，都穿一样的白衣服，戴一样的白帽子，但是离开了医院以后，就完全不同了：有钱的，就穿得花花绿绿，没有钱的，就连破补丁的衣服都没有穿。由于这一句话，产生了我最初的动机，于是，我把《分》里的两个主角，写成那样了。

再说，我写"照片"的那篇文章，最初的动机很小，仅仅是看到一张照片以后，有了一点很小的感触。所以，灵感简直像一阵风一样，有时只有一点，有时很多。这些动机，有时候存在心里很久，甚至无法写出来，但偶然一触动，比如，因为某一个人的几句话、几个小动作，引起了这个动机，于是，自然地溶化到你的作品里去了。

在技术一方面说来，不外平时多读别人的文章，多听别人的说话，因为文字的美，与声韵的美是有密切的关系的。我常常觉得，许多诗词的声韵，非常的美，所以我常常主张，青年的朋友，不妨多读一些诗和词。就是自己写出来，也应该多念几遍。好比，你写了四句，就拿起来念一念，每句最后一个字是否平声，如果都是平声，那就不会好听。所以要使文章写得声韵很美，应该多同别人谈话，和多听别人谈话；有些富于情感的人，谈话很激动，比较理智的人，谈话就清楚，有条理，至于细心的人，则谈话就很细腻了。所以，当我们写到各种各样的语句时，所听到的，自然就会流露出来。我们看《红楼梦》写得好，写得动人，就是，里面每一个人的说话，有每一个人的不同的地方。

不过，写作不要搬用死的语汇，所以，决不要写自己所没有经历过的事情。如雷马克写的《西线无战事》，所以写得那么好，是因为他自己不是文学家，而是亲身经历的一个士兵。

在那本书里，有过这样一段描写，就是两个同学，同时上战场去了。另一个同学，负伤很重，双腿被锯断以后，留下来一双皮鞋，这一个同学看见了，仅仅只说了一声，这同学平日数学很好，而没有将他怎样负伤的情形说出来。

这样的轻描淡写，可以看了使人挥泪。所以坐在屋子里头，写"英雄""伟大"的作家，是决写不出来的。

雷马克所以写得动人，因为他有感情，因为他是从真实的生活中来的。假如我们到伤兵医院里，看到的只是锯断了几条腿、几条胳膊的报告书，它一点也不动人，因为这些丝毫没有感情，有感情的文字，不论古今中外，远如韩愈的《祭十二郎文》，现在读起来，也一样使人感动得流泪。

不过，这并不是说，没有当过兵的人，就一定不能写关于兵的事情，只要体验得深刻，也一样可以写。俗话说得好："没吃过猪肉，也看到过猪跑。"至于体验与年龄、生活的经验，很有关系，譬如，我现在很能够欣赏贾母的盛世享福，衰世吃苦的心理。

当然体验也需要生活，没有失过恋的人，就不知道失恋的苦处。

有许多年轻人，一开头，就喜欢写诗，倒不一定偷懒，实在是取巧，因为诗的灵感比较短一点，注意力容易集中，写起来也不觉得累，所以有人说，廿岁至卅岁，是写诗的时代，卅岁至四十岁，是写散文的时代，四十岁至五十岁，是写小说的时代，五十岁至六十岁，是写戏剧的时代。不过有些人，生来就有写诗的性格，也有生来是有写散文的性格，当然跟时代的影响，非常有关系；朋友中爱诗的，无形中自己也喜欢写点诗。

有人主张诗的形式要短，我觉得这与个人性格有很大关系，长短都不必勉强。

但是用字，可不应该随便乱用，如果没有适当的字句，就不要随便用别的字来代替，如"彷徨"这两个字，绝不能用"走来走去"来代替。再像"惆怅"，这两个字，简直就找不出任何适当的字句，来表达出这个情意，因为它不是悲哀，也不是痛苦。我们看，许多好的作品，一个字也不能动。像"一"字吧，可以用在许多地方，一把椅子、一匹马、一条牛……而决不能一匹椅子、一条马、一把牛……但用得得当，就很有力量，比如形容一个大胖子，你说"一座肉山"就可以使人感到格外合适。

这都是属于技术方面，有人说，光有技术而没有天才，仅仅是土壤不同罢了。至于大众所认为的天才，只是一个人，对事物的观感，来得特别灵敏，立刻可以分出颜色、声音和味道，而很快地描写出来。天才，不能决定一个人的写作前途，文学要有文学的环境。譬如，我自己写文章，就像从戏院里，不由自主地，被这潮流拥出来的。

所以，我们要制造写作空气，培养写作兴趣，集合一些爱好写作的朋友，常常讨论、互相修改，趁着年轻的时候，多学习、多碰钉子。

　　情感是文章之心，缺乏情感的文字，犹如没有活心脏的
死人，无论文字如何的秀丽，却不能打动人心，所以情
感丰富是文学家的要件，把情感尽量输入文字里是作文
的基本秘诀。

文章之心 —— 情感

姜建邦

一、维持世界的情字

张潮的《幽梦影》里有这样的两句话："情之一字，所以维持世界；才之一字，所以粉饰乾坤。"世界得有今日，完全靠着人类的情感。

心是我们生命中最重要的部分，文章的情感，好像人类的心那样的重要。

一篇报告，或是一篇笔记，它虽是有组织的，但不能称为文学作品，就是因为它里面没有温暖人心的情感。近来新兴的报告文学，所以受人欢迎，也就是因为它把感情融入了枯燥无味、分条分项的文字里面。

缺少感情的文字，读之令人感到冰冷乏味，不能打动人心。富有感情的文字，才能激励人心，使读者同情。所以如果有人问："作文最要紧的是什么？"我的回答便是："情感。"

人类是生活在情感里面。没有情感，世界早就荒芜了，地球必定和其他星球一样的冷静。世界今天所以能够维持下去，完全靠一"情"字。

人类如此，人类所创造、所欣赏的文章，也是如此。刘勰也是这样地承认情感在文章里的重要，他说：

> 立文之道，其理有三：一曰形文，五色是也；二曰声文，五音是也；三曰情文，五性是也。五色杂而成黼黻，五音比而成韶夏，五情发而为辞章，神理之数也。
>
> （《文心雕龙·情采》）

有时我们读一篇文章，津津有味，爱不释手，好像自己的生命和该文融化为一，不知道尚有我的存在一样。有时读些诗文，读到快意时，拍案叫绝；读到伤心处，热泪双流，或是长吁短叹。那时我们说："这篇文章，实在动人。"这种动人的力量，就是文字中所含的感情。

记得我在中学的时候，读《爱的教育》里"少年笔耕"那一篇文章，读到父亲发现叙利亚深夜帮助老父抄写的工作：满头白发的老父，慢慢地走到叙利亚的背后，看着儿子的笔尖在纸上运动，立刻明白了儿子学业成绩不良、健康日渐衰弱、家庭收入日渐增多以及苛责儿子的不当等思念，都一时集上心头。父亲的懊悔和慈爱，表现得那样的动人；叙利亚是那样的孝敬父亲。我读到那里，禁不住落下泪来。

后来又读雨果的《孤星泪》，看见寡母因为没有钱给女儿治病，忍痛把自己的牙齿拔下卖掉，把美丽的卷发剪下换钱。那伟大的爱，又大大地感动了我。

二、写作是情感的发泄

人类都有发表的欲望，这种动作就是情感的发泄，所以各种文体中，以抒情文最能满足人的欲望。

我曾经测验过青年人最喜欢的是哪种题目。方法是选择各种体裁的题目共百个，印出分给各人，要每人从其中选出最喜欢的题目十个，结果数千个大中学生最喜欢的是抒情文。其百分数如下：

记叙文　15.6%

说明文　16.8%

议论文　17.3%

描写文　25.1%

抒情文　25.2%

我又曾写出三本书的名字，告诉他们，这三本书的内容是相同的，假使你必须从中选购一本，你究竟买哪一本呢？结果如下：

（一）《格言录》　　　　　2%

（二）《青年格言录》　　　13%

（三）《青年励志格言录》　　85%

为什么我们喜欢第三本，而不喜欢第一第二本呢？因为第三本里多着"励志"两个有情感因素的词，便获得最大多数的读者。

情感最丰富的是诗词，不是散文。中国的诗词几乎完全是情感的倾泻。即使写景诗也是"有景有情"的。中国诗词的特色就是"悲欢离合"。悲欢离合是什么呢？就是感情最浓厚的时节。

文学家常把自己要发泄的情感，借着没有感情的静物，或其他生物来表明，使这些静物或生物也感情化了，这称为"移情作用"。

宇宙本来乏味，地球本是一块顽石，人类也是一套死板的机器，但因有了情感的溶化，这些无趣味、无生命、无变化的东西，便显得活泼可爱、慈善可亲了。所以诗人和艺术家都是丰富人生的人、改造宇宙的人，如果没有他们的情绪，人世间要乏味得多了。

中国的诗文中，这种移情的妙句很多，如李华《吊古战场文》中："天地为愁，草木凄悲。"张泌《寄人》："多情只有春庭月，犹为离人照落花。"潘岳《寡妇赋》说伊夫的柩出殡时，"轮按轨以徐进兮，马悲鸣而踟顾"。江淹《别赋》说："是以行子肠断，百感凄恻。风萧萧而异响，云漫漫而奇色。舟凝滞于水滨，车逶迟于山侧。棹容与而讵前，马寒鸣而不息。"最好的例子是杜甫的《春望》:"感时花溅泪,恨别鸟惊心。"杜牧《赠别》的两句也很妙:"蜡烛有心还惜别,替人垂泪到天明。"

在数文中,有的文字完全是移情作用。如孔稚珪的《北山移文》、韩愈的《送穷文》《毛颖传》等是。

三、写作的建议

情感是文章之心,缺乏情感的文字,犹如没有活心脏的死人,无论文字如何的秀丽,却不能打动人心,所以情感丰富是文学家的要件,把情感尽量输入文字里是作文的基本秘诀。

情感两个字都从"心"(情是心字旁,感是心字底),所以称情感为文章之心。

下面是几条应用的建议:

(一)文必含情方能感人——动人有力的文字,必含丰富的情感。情感之动人,大非理智可比。自古文人,都知道这个秘诀。所以不但抒情文如此,就是描写文、记叙文,也多是"景中有情",才算上乘。议论文能"有情有理",才易动人。所以刘勰说:

夫铅黛所以饰容,而盼倩生于淑姿;文采所以饰言,而辩丽本于情性。

又说：

> 情者文之经，辞者理之纬；经正而后纬成，理定而
> 后辞畅，此立文之本源也。

（《文心雕龙·情采》）

（二）情的表现贵具体而贱抽象——情的本身原是无影无踪、不能捉摸的东西，所以最好的表现法是用具体的笔法，使读者容易领会而受感动。所以"笑里藏刀"比"阴险"好；"走马看花"比"马虎"好；"肝脑涂地"比"效劳"好；"穷愁重于山，终年压人头""愁似故园芳草，东风一夜还生"比单说"愁煞""愁极""多愁"好。此外如《少年笔耕》写父子之情，《六千里寻母》写母子之爱，《以牛易羊》写恻隐之心，都是最好的具体例证。

（三）当在情绪饱满时写作——情绪饱满的时候是写作最好的机会。在这当儿往往提笔直书，即有优美的作品，既迅速，又精彩。王勃作《滕王阁序》，是在宴会之后，当场执笔，未修改一字；曹植作"煮豆燃豆萁"是七步成诗；李白说："日试万言，倚马可待。"

美国作家马克·吐温的作品，有许多是写在枕头套上的。想来一定是一觉醒来，或是欲睡未睡时，忽得灵感，随即写下的。

德国文学家歌德半夜想到什么，必定立刻坐起来，把它写好，免得次日清晨忘记了。

我国近代文人梁启超睡觉时床头必放纸和笔，以便情绪充满时，立刻把它写下来。

欧西有这样的一句成语："趁热打铁。"作文时也需要有这样的精神，不然，热度退了，要写也写不出来了。

（四）情绪是复杂的，我们要纯洁的情绪——社会上流行的艳情小说等作品，完全是性的引诱。所以我们写作时要注意情绪的选择。温切斯特认为有价值的文学情绪有以下五点：

（1）纯正或适度的情绪效力最大；

（2）活跃或有权威的情绪效力最大；

（3）连续或真确的情绪效力最大；

（4）范围大或多变化的情绪效力最大；

（5）无阶级性或无特殊性的情绪效力最大。

现在还常有骈四俪六，典丽堂皇的祭文，挽联，宣言，通电，我们倘去查字典，翻类书，剥去它外面的装饰，翻成白话文，试看那剩下的是怎样的东西呵！？

作文秘诀

鲁迅

现在竟还有人写信来问我作文的秘诀。

我们常常听到：拳师教徒弟是留一手的，怕他学全了就要打死自己，好让他称雄。在实际上，这样的事情也并非全没有，逢蒙杀羿就是一个前例。逢蒙远了，而这种古气是没有消尽的，还加上了后来的"状元瘾"，科举虽然久废，至今总还要争"唯一"，争"最先"。遇到有"状元瘾"的人们，做教师就危险，拳棒教完，往往免不了被打倒，而这位新拳师来教徒弟时，却以他的先生和自己为前车之鉴，就一定留一手，甚而至于三四手，于是拳术也就"一代不如一代"了。

还有，做医生的有秘方，做厨子的有秘法，开点心铺子的有秘传，为了保全自家的衣食，听说这还只授儿妇，不教女儿，以免流传到别人家里去。"秘"是中国非常普遍的东西，连关于国家大事的会议，也总是"内容非常秘密"，大家不知道。但是，作文却好像偏偏并无秘诀，假使有，每个作家一定是传给子孙的了，然而祖传的作家很少见。自然，作家的孩子们，从小看惯书籍纸笔，眼格也许比较的可以大一点罢，不过不见得就会做。目下的刊物上，虽然常见什么"父子作家""夫妇作家"的名称，仿佛真能从遗嘱或情书中，密授一些什么秘诀一样，其实乃是肉麻当有趣，妄将做官的关系，用到作文上去了。

那么，作文真就毫无秘诀吗？却也并不。我曾经讲过几句做古文的秘诀，是要通篇都有来历，而非古人的成文；也就是通篇是自己做的，而又全非自己所做，个人其实并没有说什么；也就是"事出有因"，而又"查无实据"。到这样，便"庶几乎免于大过也矣"了。简而言之，实不过要做得"今天天气，哈哈哈……"而已。

这是说内容。至于修辞，也有一点秘诀：一要朦胧，二要难懂。那方法，是：缩短句子，多用难字。譬如吧，作文论秦朝事，写一句"秦始皇乃始烧书"，是不算好文章的，必须翻译一下，使它不容易一目了然才好。这时就用得着《尔雅》《文选》了，其实是只要不给别人知道，查查《康熙字典》也不妨的。动手来改，成为"始皇始焚书"，就有些"古"起来，到得改成"政俶燔典"，那就简直有了班马气，虽然跟着也令人不大看得懂。但是这样的做成一篇以至一部，是可以被称为"学者"的，我想了半天，只做得一句，所以只配在杂志上投稿。

我们的古之文学大师，就常常玩着这一手。班固先生的

"紫色蛙声，余分闰位"，就将四句长句，缩成八字的；扬雄先生的"蠢迪检柙"，就将"动由规矩"这四个平常字，翻成难字的。《绿野仙踪》记塾师咏"花"，有句云："媳钗俏矣儿书废，哥罐闻焉嫂棒伤。"自说意思，是儿妇折花为钗，虽然俏丽，但恐儿子因而废读；下联较费解，是他的哥哥折了花来，没有花瓶，就插在瓦罐里，以嗅花香，他嫂嫂为防微杜渐起见，竟用棒子连花和罐一起打坏了。这算是对于冬烘先生的嘲笑。然而他的作法，其实是和扬班并无不合的，错只在他不用古典而用新典。这一个所谓"错"，就使《文选》之类在遗老遗少们的心眼里保住了威灵。

做得朦胧，这便是所谓"好"么？答曰：也不尽然，其实是不过掩了丑。但是，"知耻近乎勇"，掩了丑，也就仿佛近乎好了。摩登女郎披下头发，中年妇人罩上面纱，就都是朦胧术。人类学家解释衣服的起源有三说：一说是因为男女知道了性的羞耻心，用这来遮羞；一说却以为倒是用这来刺激；还有一种是说因为老弱男女，身体衰瘦，露着不好看，盖上一些东西，借此掩掩丑。从修辞学的立场上看起来，我赞成后一说。现在还常有骈四俪六，典丽堂皇的祭文，挽联，宣言，通电，我们倘去查字典，翻类书，剥去它外面的装饰，翻成白话文，试看那剩下的是怎样的东西呵！？

不懂当然也好的。好在那里呢？即好在"不懂"中。但所虑的是好到令人不能说好丑，所以还不如做得它"难懂"：有一点懂，而下一番苦功之后，所懂的也比较的多起来。我们是向来很有崇拜"难"的脾气的，每餐吃三碗饭，谁也不以为奇，有人每餐要吃十八碗，就郑重其事地写在笔记上；用手穿针没有人看，用脚穿针就可以搭帐篷卖钱；一幅画片，平淡无奇，装在匣子里，挖一个洞，化为西洋镜，人们就张着嘴热心的要看了。况且同是一事，费了苦功而达到的，也比并不费力而达到的可贵。譬如到什么庙里去烧香吧，到山上的，比到平地上的可贵；三步一拜才到庙里的庙，和坐了轿子一径抬到的庙，即使同是这庙，在到达者的心里的可贵的程度是大有高下的。作文之贵乎难懂，就是要使读者三步一拜，这才能够达到一点目的的妙法。

写到这里，成了所讲的不但只是做古文的秘诀，而且是做骗人的古文的秘诀了。但我想，做白话文也没有什么大两样，因为它也可以夹些僻字，加上朦胧或难懂，来施展那变戏法的障眼的手巾的。倘要反一调，就是"白描"。

"白描"却并没有秘诀。如果要说有，也不过是和障眼法反一调：有真意，去粉饰，少做作，勿卖弄而已。

十一月十日。

[全书完]